Korte Verhalen in het Litouws

Korte verhalen in Litouws voor beginners en gevorderden

Egle Balthis

Inhoud

Inleiding

Lezen in een vreemde taal is een van de meest effectieve manieren om uw taalvaardigheid te verbeteren en uw woordenschat uit te breiden. Toch kan het soms moeilijk zijn om boeiend leesmateriaal op een geschikt niveau te vinden dat een gevoel van prestatie en vooruitgang geeft. De meeste boeken en artikelen die voor moedertaalsprekers zijn geschreven, kunnen te lang zijn en moeilijk te begrijpen, of kunnen een woordenschat op zeer hoog niveau hebben, zodat u zich overweldigd voelt en het opgeeft. Als deze problemen bekend klinken, dan is dit boek iets voor jou!

Korte Verhalen in het Litouws is een verzameling van 25 onconventionele en onderhoudende korte verhalen die zijn ontworpen om beginnende tot gemiddeld niveau Litouws lerenden te helpen hun taalvaardigheden te verbeteren.

Deze korte verhalen creëren een ondersteunende leesomgeving door het opnemen van:

- Rijke taalkundige inhoud in verschillende genres om u te vermaken en u bloot te stellen aan een verscheidenheid van woordvormen.
- Kortere verhalen in hoofdstukken om u de voldoening te geven verhalen af te maken en snel vooruitgang te boeken.
- Teksten die op uw niveau geschreven zijn, zodat ze gemakkelijker te begrijpen zijn en niet overweldigend.
- Nederlandse vertaling op wisselende pagina's, zodat u er regel voor regel direct naar kunt verwijzen terwijl u het Litouws verhaal leest.
- De belangrijkste woordenschat staat vetgedrukt in

het hele verhaal en de vertaling, zodat u onbekende woorden gemakkelijker kunt begrijpen.
* Begrijpelijke vragen om uw begrip van belangrijke gebeurtenissen te testen en om u aan te moedigen meer in detail te lezen.

Dus of u nu uw woordenschat wilt uitbreiden, uw begrip wilt verbeteren of gewoon voor uw plezier wilt lezen, dit boek is de grootste stap voorwaarts die u dit jaar in uw studie zult maken. Korte Verhalen in het Litouws geeft u alle steun die u nodig hebt, dus leun achterover, ontspan, en laat uw fantasie de vrije loop terwijl u wordt meegevoerd naar een magische wereld van avontuur, mysterie en intrige - in het Litouws!

Hoe dit boek te gebruiken

Lezen is een moeilijk talent om onder de knie te krijgen. We gebruiken een reeks microvaardigheden om ons te helpen lezen in onze moedertaal. We kunnen bijvoorbeeld een passage doornemen om een globaal idee te krijgen van waar het over gaat. Of we kammen een groot aantal bladzijden van een treindienstregeling door op zoek naar een specifieke tijd of plaats. Terwijl deze microvaardigheden een tweede natuur zijn bij het lezen in onze moedertaal, blijkt uit onderzoek dat we de meeste ervan vaak vergeten bij het lezen in een vreemde taal. Wanneer we een vreemde taal leren, beginnen we gewoonlijk bij het begin van een tekst en werken we ons een weg door de tekst, waarbij we elk woord proberen te begrijpen. Onvermijdelijk komen we onbekende of ingewikkelde termen tegen en raken we geïrriteerd door ons onvermogen om ze te begrijpen.

Een van de grootste voordelen van het lezen in een vreemde taal is dat je wordt blootgesteld aan een groot aantal zinnen en uitdrukkingen die in alledaagse situaties worden gebruikt. Extensief lezen is een term die wordt gebruikt om het lezen voor plezier aan te duiden om een taal te leren. Het is niet zoals het lezen van een tekstboek, wanneer gesprekken of teksten zijn ontworpen om langzaam en zorgvuldig te worden gelezen met het doel om elk woord te begrijpen. "Intensief lezen" verwijst naar lezen dat wordt gedaan om specifieke leerdoelen te bereiken of taken te voltooien. Anders gezegd, intensief lezen in tekstboeken helpt meestal bij het leren van grammaticaregels en bepaalde woordenschat, maar extensief lezen van verhalen helpt bij het leren van natuurlijke taal.

Korte Verhalen in het Litouws biedt u de mogelijkheid om meer te leren over natuurlijk Litouws taalgebruik, ook al bent u uw taalleertocht misschien begonnen met uitsluitend tekstboeken. Hier zijn een paar tips om in gedachten te houden als u de verhalen in dit boek leest om er het meeste uit te halen: Als het op lezen aankomt, zijn plezier en een gevoel van vervulling van cruciaal belang. Je blijft terugkomen voor meer omdat je geniet van wat je aan het lezen bent. Elk verhaal van begin tot eind lezen is de beste methode om plezier te beleven aan het lezen van verhalen en je volbracht te voelen. Het belangrijkste is dan ook om het einde van een verhaal te halen. Dat is eigenlijk nog belangrijker dan elk woord te kennen.

Hoe meer je leest, hoe meer kennis je zult opdoen. U zult snel een kennis hebben van hoe Litouws werkt als u grotere boeken leest voor uw plezier. Bedenk echter wel dat u, om ten volle van de voordelen van extensief lezen te kunnen profiteren, eerst een voldoende omvangrijk boek moet lezen. Door hier en daar een paar bladzijden te lezen leert u misschien een paar nieuwe woorden, maar het zal geen significant verschil maken in uw algehele niveau van Litouws.

Accepteer dat je niet alles zult begrijpen van wat je in een roman leest. Dit is, zonder twijfel, het meest cruciale punt! Onthoud altijd dat het volkomen aanvaardbaar is dat u niet alle woorden of zinnen begrijpt. Het betekent niet dat je taalvaardigheden ontoereikend zijn of dat je slecht presteert. Het geeft aan dat u actief betrokken bent bij het leerproces.

Leesgids

Om het meeste uit het lezen van Korte Verhalen in het Litouws te halen, kunt u het beste dit eenvoudige leesproces in zes stappen volgen voor elk hoofdstuk van de verhalen:

1. Lees de titel van het hoofdstuk. Denk na over waar het verhaal over zou kunnen gaan. Lees dan het verhaal helemaal door. Uw doel is gewoon het einde van het verhaal te bereiken. Stop daarom niet om woorden op te zoeken en maak u geen zorgen als er dingen zijn die u niet begrijpt. Probeer gewoon de plot te volgen.

2. Wanneer u het einde van het verhaal hebt bereikt, scant u de Nederlandse vertaling om te zien of u hebt begrepen wat er is gebeurd en pikt u alle context op die u misschien hebt gemist.

3. Ga terug en lees hetzelfde verhaal opnieuw. Als u wilt, kunt u zich meer op de details van het verhaal concentreren, maar anders leest u het gewoon nog een keer door.

4. Werk vervolgens door de begripsvragen in Litouws om te controleren of u de belangrijkste gebeurtenissen in het verhaal begrijpt. Als u de vragen niet helemaal begrijpt, hoeft u zich geen zorgen te maken. Gebruik uw kennis om zo goed mogelijk te antwoorden.

5. Op dit punt moet u de belangrijkste gebeurtenissen van het hoofdstuk enigszins begrijpen. Als dat niet het geval is, kunt u het hoofdstuk een paar keer herlezen, waarbij u de vertaling gebruikt om onbekende woorden en zinnen te controleren, totdat u zich zeker voelt.

Zodra u klaar bent en zeker weet dat u begrijpt wat er is gebeurd - of dat nu na één lezing van het verhaal is of na meerdere - gaat u verder met het volgende verhaal en geniet u verder van het verhaal in uw eigen tempo, net zoals u van elk ander boek zou genieten.

Pas als u een verhaal in zijn geheel hebt uitgelezen, moet u overwegen terug te gaan en de verhaaltaal desgewenst verder uit te diepen. Of in plaats van u zorgen te maken of u alles begrijpt, de tijd te nemen om u te concentreren op alles wat u hebt begrepen en uzelf te feliciteren met alles wat u hebt gedaan.

Korte Verhalen

in het Litouws

Egle Balthis

Vilnius

Vilnius, Lietuvos sostinė, yra **gražus** miestas su turtinga istorija. Įkurtas XIII a., per šimtmečius jis patyrė daugybę pokyčių. Šiandien Vilnius - modernus Europos miestas, kuriame gyva kultūra ir yra ką pamatyti bei nuveikti. Vienas iš geriausių dalykų Vilniuje yra jo senamiestis. Šiame į UNESCO pasaulio paveldo sąrašą įtrauktame senamiestyje gausu viduramžių **architektūros** ir grįstų gatvelių. Čia taip pat yra keletas populiariausių miesto lankytinų vietų, įskaitant Katedros aikštę, Gedimino bokštą ir Šv. Jei Vilniuje ieškote ko nors kito, kodėl gi nevažiavus į Uupį? Šis keistas rajonas turi savo konstituciją ir net savo **vėliavą**! Jis taip pat garsėja kaip menininkų kolonija, todėl čia gausu galerijų ir studijų, kurias galima apžiūrėti. Jokia kelionė į Vilnių nebūtų pilna, jei neparagautumėte vietinės **virtuvės patiekalų.**

Lietuva garsėja tamsia rugine duona ir **gardžiais** šaltibarščiais. Čia taip pat rasite daug tradicinių patiekalų, tokių kaip koldūnai, burokėlių sriuba ir silkė grietinėje. Ir, žinoma, joks valgis neapsieina be šlakelio (ar dviejų!) lietuviškos degtinės! Kalbant apie naktinį gyvenimą, Vilniuje kiekvienas ras ką nors sau. Nuo jaukių barų, kuriuose galima paragauti vietinio alaus, iki gyvybingų klubų, kuriuose skamba visi naujausi hitai - čia turėsite iš ko rinktis. Tad ko laukiate? Užsisakykite

Vilnius

Vilnius, de hoofdstad van Litouwen, is een **prachtige** stad met een rijke geschiedenis. De stad werd gesticht in de 13e eeuw en heeft in de loop der eeuwen vele veranderingen ondergaan. Vandaag de dag is Vilnius een moderne Europese stad met een levendige cultuur en genoeg te zien en te doen. Een van de mooiste dingen van Vilnius is de oude stad. Dit UNESCO-werelderfgoed staat vol met middeleeuwse **architectuur** en geplaveide straatjes. Het is ook de thuisbasis van enkele van de populairste bezienswaardigheden van de stad, zoals het Kathedraalplein, de Gediminastoren en de Sint-Annakerk. Als u op zoek bent naar iets anders om te doen in Vilnius, waarom gaat u dan niet naar Uupis? Deze eigenzinnige wijk heeft zijn eigen grondwet en zelfs zijn eigen **vlag**! Het staat ook bekend als een kunstenaarskolonie, dus er zijn hier genoeg galerieën en ateliers om te verkennen. Geen reis naar Vilnius zou compleet zijn zonder de lokale **keuken** te proeven.

Litouwen staat bekend om zijn donkere roggebrood en **heerlijke** vleeswaren. Je vindt er ook tal van traditionele gerechten zoals knoedels, rode bietensoep en haring in zure room. En natuurlijk is geen maaltijd **compleet** zonder een slok (of twee!) Litouwse wodka! Wat het nachtleven betreft, heeft Vilnius voor elk wat

bilietus į Vilnių jau šiandien! Vos atvykęs į Vilnių supratau, kad tai bus **ypatinga** kelionė. Mieste buvo kažkas magiško. Pažintį su Vilniumi pradėjau nuo **senamiesčio**.

Vaikščiojant po Katedros **aikštę** ir grožintis nuostabia architektūra buvo lengva įsivaizduoti, koks gyvenimas čia būtų buvęs prieš kelis šimtmečius. Netgi teko skambinti Šv. Anos bažnyčios varpu - tai tikrai privertė mane pasijusti **turistu**! Po to nuvykau į Uupį papietauti. Šis rajonas pasižymi tokia unikalia atmosfera - čia tikrai nėra nieko panašaus į tai, kur dar nesu buvęs. Maistas čia taip pat nenuvylė: lietuviški **koldūnai** yra labai skanūs! Vėliau nusprendžiau patyrinėti Vilniaus naktinį gyvenimą. Pirmoji mano stotelė buvo jaukus baras "Kablys", kuriame paragavau vietinio alaus. Tada nuėjau į vieną iš miesto klubų pašokti - tai, kas man tikrai nėra natūralu! Tačiau, nepaisant **ritmo** stokos, nuostabiai praleidau laiką tyrinėdama viską, ką Vilnius gali pasiūlyti sutemus.

wils. Van gezellige bars waar ambachtelijk bier wordt geschonken tot levendige clubs waar de nieuwste hits worden gedraaid, je **hebt** hier keuze te over. Dus waar wacht u nog op? Boek vandaag nog je tickets naar Vilnius! Toen ik in Vilnius aankwam, wist ik meteen dat dit een **bijzondere reis zou** worden. Er was iets aan de stad dat gewoon magisch aanvoelde. Ik begon mijn verkenning van Vilnius in de Oude **Stad**.

Toen ik op Cathedral **Square rondliep** en de prachtige architectuur bewonderde, kon ik me gemakkelijk voorstellen hoe het leven hier eeuwen geleden zou zijn geweest. Ik mocht zelfs de klok luiden in de St. Anne's kerk - een ervaring waardoor ik me echt een **toerist voelde**! Daarna ging ik naar Uupis voor een lunch. Deze buurt heeft zo'n unieke sfeer - het is echt zoals nergens anders waar ik ooit ben geweest. Het eten hier stelde ook niet teleur; Litouwse **dumplings** zijn heerlijk! Later besloot ik wat van het nachtleven van Vilnius te verkennen. Mijn eerste stop was een gezellige bar genaamd "Kablys," waar ik wat lokaal ambachtelijk bier proefde. Daarna ging ik naar een van de clubs in de stad om te dansen - iets wat ik absoluut niet van nature doe! Maar ondanks mijn gebrek aan **ritme**, had ik een geweldige tijd met het verkennen van alles wat Vilnius te bieden heeft in het donker.

Supratimo klausimai

1. Kokia yra Lietuvos sostinė?

2. Kuo garsėja Vilniaus senamiestis?

3. Kas yra Uupis?

4. Kokie yra tradiciniai lietuviški patiekalai?

5. Kas yra Kablys?

6. Kaip autorius jautėsi Vilniuje, kai atvyko?

7. Apie ką autorius galvoja apie Vilniaus senamiestį?

8. Kokia buvo pirmoji autoriaus stotelė Vilniuje?

9. Ką autorius mano apie Uupį?

10. Kas autoriui labiausiai patiko Vilniuje?

Begrip vragen

1. Wat is de hoofdstad van Litouwen?

2. Waar is de oude stad van Vilnius bekend om?

3. Wat is Uupis?

4. Wat zijn enkele traditionele Litouwse gerechten?

5. Wat is Kablys?

6. Wat vond de auteur van Vilnius toen ze aankwamen?

7. Waaraan doet de oude stad van Vilnius de schrijver denken?

8. Wat was de eerste stop van de auteur in Vilnius?

9. Wat vond de auteur van Uupis?

10. Wat was het favoriete deel van Vilnius van de auteur?

Cepelinai

Šįvakar turėjau nuotaiką pasigaminti kažką kitokio, todėl nusprendžiau pabandyti pasigaminti cepelinus. Niekada anksčiau nebuvau girdėjusi apie šį lietuvišką patiekalą, bet skambėjo intriguojančiai. Šiek tiek pasidomėjusi sužinojau, kad tai **bulvių** koldūnai, įdaryti mėsa ir patiekiami su grietinės padažu. Susižavėjusi ėmiausi gaminti savo **versiją**. Pirmiausia reikėjo pagaminti bulvinius koldūnus. Tai pasirodė sunkiau, nei tikėjausi, nes tešla buvo labai lipni ir sunkiai apdirbama. Po kelių nesėkmingų bandymų man pagaliau pavyko juos suformuoti ir išvirti, kol jie **išvirė**. Toliau sekė **įdaras**. Tai vėlgi buvo sunkiau, nei tikėjausi, nes man sunkiai sekėsi pasiekti, kad maltos mėsos **mišinys** išliktų koldūnų odelėje.

Tačiau galiausiai viskas puikiai pavyko ir jie buvo **skanūs**! Galiausiai ant viršaus buvo užtepta grietinės - tai juos pavertė visiškai nuostabiais! Buvau taip patenkinta, kaip man pavyko cepelinai, kad nusprendžiau jais pasidalyti su **draugais**. Jie visi buvo labai sužavėti ir norėjo sužinoti, iš kur išmokau pagaminti tokį skanų patiekalą. Kai papasakojau, kad tai iš Lietuvos, jie buvo dar labiau suintriguoti ir uždavinėjo man daugybę **klausimų** apie šią šalį ir jos maistą. Buvo smagu, kad galėjau su jais pasidalyti kažkuo

Cepelinai

Ik was in de stemming voor iets anders **vanavond**, dus besloot ik cepelinai te maken. Ik had nog nooit van dit Litouwse gerecht gehoord, maar het klonk intrigerend. Na wat onderzoek ontdekte ik dat het bestond uit aardappelknoedels gevuld met vlees en geserveerd met een zure roomsaus. Geïntrigeerd, besloot ik mijn eigen **versie** te maken. De eerste stap was het maken van de aardappelknoedels. Dit bleek moeilijker dan ik had verwacht, want het deeg was erg plakkerig en moeilijk te bewerken. Na een aantal mislukte pogingen kreeg ik ze eindelijk in vorm en kookte ik ze **gaar**. Daarna kwam de **vulling**. Ook dit bleek moeilijker dan verwacht, want ik had moeite om het **gehaktmengsel** tijdens het koken in de dumplingvellen te krijgen.

Maar uiteindelijk kwam alles perfect samen en smaakten ze **heerlijk**! Als klap op de vuurpijl deed ik er nog een scheutje zure room bovenop - en dat maakte ze helemaal geweldig! Ik was zo blij met mijn cepelinai dat ik besloot om ze met mijn **vrienden te delen**. Ze waren allemaal erg onder de indruk en wilden weten waar ik geleerd had om zo'n heerlijk gerecht te maken. Toen ik hen vertelde dat het uit Litouwen kwam, waren ze nog meer geïntrigeerd en stelden ze me allerlei **vragen** over het land en zijn eten. Het was geweldig

tokiu ypatingu, ir visi sutarėme, kad netrukus turėsime vėl **susitikti ir surengti** kitą lietuvišką šventę! Nuo to pirmojo vakaro tapau savotišku cepelinų ekspertu. **Eksperimentavau su** įvairiais įdarais ir padažais, ir visiems, kurie jų paragauja, jie visada patinka.

Netgi tapo savotiška tradicija, kad mano draugai, kai jiems norisi ko nors **kito,** užsuka pas mus lietuviško maisto. Labai džiaugiuosi, kad nusprendžiau pabandyti pagaminti cepelinus - jie neabejotinai tapo vienu mėgstamiausių mano patiekalų! Vieną dieną buvau pakviesta į lietuviško **maisto gaminimo** pamoką. Ten sužinojau dar daugiau apie šį nuostabų patiekalą ir apie tai, kaip kiekvieną kartą jį tobulai pagaminti. Virtuvės šefas taip pat pasidalijo keliomis savo paslaptimis, kurias dabar įtraukiau į savo **receptus**. Su pasididžiavimu galiu pasakyti, kad mano cepelinai dabar yra geriausi mieste - ir **visi** tai žino!

om zoiets bijzonders met hen te kunnen delen, en we waren het er allemaal over eens dat we snel weer **bij elkaar moesten komen** voor een Litouws feestmaal! Sinds die eerste avond ben ik een soort cepelinai-expert geworden. Ik heb **geëxperimenteerd** met verschillende vullingen en sauzen, en iedereen die ze probeert, is er altijd dol op.

Het is zelfs een soort traditie geworden voor mijn vrienden om Litouws te komen eten wanneer ze in de stemming zijn voor iets **anders**. Ik ben zo blij dat ik besloten heb om cepelinai te maken - het is beslist een van mijn lievelingsgerechten geworden! Op een dag werd ik uitgenodigd voor een Litouwse kookles. Daar leerde ik nog meer over dit geweldige gerecht en hoe ik het elke keer weer perfect kan maken. De chef-kok deelde ook enkele van zijn eigen geheimen, die ik nu in mijn eigen **recepten heb verwerkt**. Ik kan met trots zeggen dat mijn cepelinai nu de beste van de stad zijn, en **iedereen** weet dat!

Supratimo klausimai

1. Kas yra lietuviškas patiekalas cepelinai?

2. Iš ko pagaminti cepelinai?

3. Kaip tradiciškai patiekiami cepelinai?

4. Kokia buvo autoriaus patirtis gaminant cepelinus pirmą kartą?

5. Kodėl autorės draugai buvo sužavėti, kai ji jiems pagamino cepelinų?

6. Kas atsitiko su autorės cepelinų gamyba nuo tada, kai ji pirmą kartą pabandė juos gaminti?

7. Ką autorė sužinojo apie cepelinus lietuvių maisto gaminimo pamokoje?

8. Kaip virėjo paslaptys pakeitė paties autoriaus receptus?

9. Kuo dabar laikomi autoriaus cepelinai?

10. Ką autorius apskritai mano apie cepelinus?

Begrip vragen

1. Wat is het Litouwse gerecht cepelinai?

2. Waar zijn cepelinai van gemaakt?

3. Hoe worden cepelinai traditioneel opgediend?

4. Wat was de ervaring van de auteur met het voor de eerste keer maken van cepelinai?

5. Waarom waren de vrienden van de schrijfster onder de indruk toen zij cepelinai voor hen maakte?

6. Wat is er van het cepelinai-maken van de schrijfster geworden sinds zij het voor het eerst probeerde?

7. Wat heeft de auteur geleerd over cepelinai tijdens de Litouwse kookles?

8. Hoe hebben de geheimen van de chef-kok de eigen recepten van de auteur veranderd?

9. Wat is nu de cepelinai van de auteur?

10. Wat denkt de auteur over cepelinai in het algemeen?

Trakų istorinis nacionalinis parkas

Už horizonto besileidžianti saulė dangų nuspalvino gražiu **oranžiniu** atspalviu. Paukščiai giedojo, o pro medžius švelniai pūtė vėjelis. Tai buvo puikus vakaras pasivaikščiojimui po Trakų istorinį nacionalinį parką. Pradėjau leistis vienu iš takų, eidamas grožėjausi kraštovaizdžiu. Parkas kupinas **istorijos, jame** galima pamatyti daug įdomių dalykų. Netrukus priėjau senus pilies griuvėsius ir sustojęs trumpam juos apžiūrėjau. Vaikštinėdamas aplinkui negalėjau atsikratyti jausmo, kad kažkas mane **stebi.** Atsigręžiau, bet ten niekas nebuvo.

Nusikvatojęs tęsiau kelionę. Tačiau po kelių minučių vėl pajutau tą patį jausmą - tarsi kažkas mane sektų. Šį kartą, kai atsigręžiau, pamačiau figūrą, stovinčią šešėlyje tarp dviejų medžių. Negalėjau patikėti savo akimis. Kas buvo tas mane sekantis **asmuo?** Ir kodėl? Pradėjau eiti greičiau, bet figūra neatsiliko nuo manęs. Kaskart, kai atsigręždavau, ji buvo ten ir stebėjo mane. Galiausiai nebeišlaikiau ir pradėjau bėgti. Bet kad ir kaip greitai bėgčiau, figūra visada liko man **iš paskos.** Atrodė, kad ji žaidžia su manimi žaidimą, persekioja mane per mišką kaip grobį. Širdis **daužėsi** krūtinėje, o

Trakai Historisch Nationaal Park

De zon ging onder aan de horizon en wierp een prachtige **oranje** gloed aan de hemel. De vogels zongen en een briesje waaide zachtjes door de bomen. Het was een perfecte avond voor een wandeling in het Trakai Historisch Nationaal Park. Ik begon een van de paden af te lopen en bewonderde het landschap terwijl ik liep. Het park is vol **geschiedenis**, en er zijn zoveel interessante dingen te zien. Ik kwam al snel langs een paar oude kasteelruïnes en stopte om ze een tijdje te verkennen. Terwijl ik ronddwaalde, had ik het gevoel dat iemand **naar** me **keek**. Ik draaide me om, maar er was niemand.

Ik schudde het van me af en vervolgde mijn weg. Maar na een paar minuten kreeg ik weer datzelfde gevoel - alsof iemand me volgde. Deze keer, toen ik omkeek, zag ik een figuur in de schaduw tussen twee bomen staan. Ik kon mijn ogen niet geloven. Wie was die **persoon** die mij volgde? En waarom? Ik begon sneller te lopen, maar de figuur hield gelijke tred met mij. Telkens als ik omkeek, stond hij daar, naar me te kijken. Uiteindelijk kon ik het niet meer aan en begon ik te rennen. Maar hoe snel ik ook ging, de figuur bleef altijd

kai pasiekiau kitą parko pusę, jau buvau be kvapo. Ten buvo žmonių, ir akimirką pasijutau saugi... kol supratau, kad **figūra** sekė mane net iki čia.

Jis vis dar stovėjo šešėlyje ir įdėmiai stebėjo mane savo bauginančiu žvilgsniu. Nežinojau, ką daryti. Buvau apsuptas žmonių, bet vis tiek jaučiau, kad man gresia **pavojus**. Figūra nepajudėjo iš vietos ir atrodė, kad ji pasitenkina tiesiog stebėdama mane. Bet kodėl? Ko ji iš manęs norėjo? Staiga ji pradėjo judėti link manęs, ir aš supanikavau. Pasisukau bėgti, bet kažkas griebė mane iš **už nugaros** ir sulaikė. "Viskas gerai", - ramiai pasakė jie. "Nėra ko bijoti..." Bet kaip jie galėjo taip sakyti, kai figūra dabar stovėjo tiesiai priešais mus? Ji ištiesė **ranką, tarsi** norėdama paliesti mano veidą... Ir tada viskas tapo **juoda**.

vlak **achter** me. Het leek wel of hij een spelletje met me speelde, me door het bos besluipen als een prooi. Mijn hart **bonsde** in mijn borstkas, en ik was buiten adem tegen de tijd dat ik de andere kant van het park bereikte. Daar waren mensen, en ik voelde me even veilig... tot ik besefte dat de **figuur** me zelfs tot hier gevolgd was.

Het stond nog steeds in de schaduw en keek me strak aan met zijn griezelige blik. Ik wist niet wat ik moest doen. Ik was omringd door mensen, maar ik had nog steeds het gevoel dat ik in **gevaar** was. De figuur was niet van zijn plaats gekomen, en het leek tevreden om alleen maar naar mij te kijken. Maar waarom? Wat wilde het van mij? Plotseling begon het op mij af te komen, en ik raakte in paniek. Ik draaide me om, maar iemand greep me van **achteren vast** en hield me tegen. "Het is in orde," zeiden ze kalm. "Er is niets om bang voor te zijn..." Maar hoe konden ze dat zeggen terwijl de figuur nu recht voor ons stond? Het stak een **hand** uit, alsof het mijn gezicht wilde aanraken... En toen werd alles **zwart**.

Supratimo klausimai

1. Ką veikėjas pastebi vaikščiodamas po parką?

2. Ką veikėjas daro, kai pirmą kartą pastebi jį sekančią figūrą?

3. Kodėl veikėjas jaučiasi esąs pavojuje?

4. Kaip veikėjas jaučiasi dėl figūros?

5. Ko, veikėjo manymu, veikėjas nori iš jo?

6. Kur figūra seka paskui veikėją?

7. Kaip veikėjas reaguoja, kai figūra prie jo priartėja?

8. Ką kitas asmuo sako veikėjui?

9. Ką veikia figūra, kai ji stovi priešais veikėją?

10. Kas atsitinka pagrindiniam veikėjui istorijos pabaigoje?

Begrip vragen

1. Wat valt de hoofdpersoon op als ze door het park lopen?

2. Wat doet de hoofdpersoon als hij voor het eerst merkt dat de figuur hem volgt?

3. Waarom heeft de hoofdpersoon het gevoel dat hij in gevaar is?

4. Hoe laat de figuur de hoofdpersoon zich voelen?

5. Wat denkt de hoofdpersoon dat de figuur van hem wil?

6. Waarheen volgt de figuur de hoofdpersoon?

7. Hoe reageert de hoofdpersoon als de figuur dichterbij komt?

8. Wat zegt de andere persoon tegen de hoofdpersoon?

9. Wat doet de figuur als hij voor de hoofdpersoon staat?

10. Wat gebeurt er met de hoofdpersoon aan het eind van het verhaal?

Kuršių nerija

Kuršių nerija - tai ilgas ir plonas sausumos ruožas, išsikišęs į Baltijos jūrą. Čia yra unikali ekosistema ir **svarbi** migruojančių paukščių stotelė. Tačiau ši vieta taip pat turi tamsią istoriją. Šimtmečius nerijoje gyvenusius žmones nuo likusio pasaulio atkirto priešiškai nusiteikę kaimynai. Jie pragyveno iš žvejybos ir medžioklės, bet gyvenimas buvo sunkus. Vieną dieną viskas **pasikeitė...** Buvo ankstyvas rytas, kai jie atvyko. Iš pradžių kaimo gyventojai manė, kad tai tik dar viena **žvejų** grupė, atvykusi prekiauti prekėmis. Tačiau netrukus jie suprato, kad šie vyrai yra kitokie. Jie turėjo keistus ginklus ir šarvus, o jų laivai buvo tokie, kokių dar niekas niekada nebuvo matęs. Kaimo gyventojai bandė bėgti, bet buvo per vėlu - užpuolikai jau buvo išsilaipinę **krante**. Kelias dienas kaimas buvo apgultas, nes užpuolikai plėšė ir degino viską, kas pakliuvo į akis. Žmonės iš baimės glaudėsi savo namuose, o aplinkui viešpatavo **chaosas.**

Galiausiai, praėjus tarsi **amžinybei,** užpuolikai išėjo taip pat staiga, kaip ir atėjo, pasiimdami su savimi viską, kas vertinga, kas nebuvo prikalta (ir kai kuriuos daiktus, kurie buvo prikalti). Po griuvėsių išgyvenusieji pamažu išlindo iš savo slėptuvių. Jie apžvelgė viską aplinkui, jų širdys buvo sunkios iš **liūdesio**. Tačiau net

Curonian Spit

Het Curonian Spit is een lange, dunne strook land die uitsteekt in de Oostzee. Het herbergt een uniek ecosysteem en is een **belangrijke** stopplaats voor trekvogels. Maar het is ook een plek met een duistere geschiedenis. Eeuwenlang waren de mensen die op de landtong woonden afgesneden van de rest van de wereld door vijandige buren. Ze leefden van de visvangst en de jacht, maar het leven was hard. En toen, op een dag, **veranderde** alles... Het was vroeg in de ochtend toen ze aankwamen. Eerst dachten de dorpelingen dat het gewoon weer een groep **vissers was** die goederen kwamen verhandelen. Maar al snel beseften ze dat deze mannen anders waren. Ze hadden vreemde wapens en harnassen, en hun schepen leken op niets wat iemand ooit eerder had gezien. De dorpelingen probeerden te vluchten, maar het was te laat. De indringers waren al aan **land** gegaan. Dagenlang werd het dorp belegerd, terwijl de indringers alles wat ze zagen plunderden en verbrandden. De mensen verschansten zich in angst in hun huizen, terwijl rondom hen **chaos** heerste.

Uiteindelijk, na wat een **eeuwigheid** leek, vertrokken de aanvallers even plotseling als ze gekomen waren - alles van waarde meenemend dat niet vastgespijkerd was ir šią tamsiausią valandą jie žinojo, kad turi eiti toliau. Todėl jie ryžtingai ėmėsi iš naujo kurti savo gyvenimus. Kuršių nerija - tai ilgas, plonas sausumos ruožas, įsiterpęs į Baltijos jūrą. Čia yra unikali ekosistema ir svarbi migruojančių paukščių stotelė. Tačiau ši vieta taip pat turi tamsią **istoriją**. Šimtmečius nerijoje gyvenusius žmones nuo likusio pasaulio atkirto **priešiškai nusiteikę** kaimynai. Jie pragyveno iš žvejybos ir medžioklės, bet gyvenimas buvo sunkus. Vieną dieną viskas pasikeitė. Kai jie atvyko, buvo ankstyvas rytas.

(en sommige dingen die dat wel waren). In de nasleep van de vernietiging kwamen de overlevenden langzaam tevoorschijn uit hun schuilplaatsen. Ze keken naar alles om hen heen, hun harten zwaar van **verdriet**. Maar zelfs in dit donkerste uur, wisten ze dat ze verder moesten gaan . En zo, vastberaden, begonnen ze hun leven opnieuw op te bouwen. De Curonian Spit is een lange, dunne strook land die uitsteekt in de Baltische Zee. Het herbergt een uniek ecosysteem en is een belangrijke stopplaats voor trekvogels. Maar het is ook een plek met een duistere **geschiedenis**. Eeuwenlang waren de mensen die op de landtong woonden afgesneden van de rest van de wereld door **vijandige** buren. Ze leefden van de visvangst en de jacht, maar het leven was hard. En toen, op een dag, veranderde alles. Het was vroeg in de ochtend toen ze aankwamen.

Supratimo klausimai

1. Kas yra Kuršių nerija?

2. Kokia tamsi Kuršių nerijos istorija?

3. Ką užpuolikai padarė kaimui?

4. Kaip kaimų gyventojai reagavo į invaziją?

5. Kodėl užpuolikai pasitraukė?

6. Ką išgyvenusieji darė po invazijos?

7. Kokia unikali Kuršių nerijos ekosistema?

8. Kokia Kuršių nerijos reikšmė migruojantiems paukščiams?

9. Koks yra Kuršių nerijos klimatas?

10. Kaip gyveno Kuršių nerijos gyventojai?

Begrip vragen

1. Wat is de Curonian Spit?

2. Wat is de duistere geschiedenis van de Curonian Spit?

3. Wat hebben de indringers met het dorp gedaan?

4. Hoe reageerden de dorpelingen op de invasie?

5. Waarom zijn de indringers vertrokken?

6. Wat deden de overlevenden na de invasie?

7. Wat is het unieke ecosysteem van de Curonian Spit?

8. Wat is het belang van de Curonian Spit voor trekvogels?

9. Wat is het klimaat van de Curonian Spit?

10. Hoe leefden de mensen die op de Curonian Spit leefden?

Amber

Gintarė vaikščiojo po mišką ir grožėjosi ją supančiu **grožiu,** kai staiga išgirdo triukšmą. Atrodė, kad kažkas verkia. Ji sekė paskui garsą, kol priėjo miškelį ir pamatė ant žemės sėdinčią ir verkiančią moterį. Amber priėjo prie jos ir paklausė, kas **nutiko**. Moteris su ašaromis akyse pažvelgė į Gintarę ir pasakė: "Mano vyras paliko mane dėl kitos moters". Aš jį taip mylėjau, o dabar jis išėjo. " Gintarui pasidarė gaila moters ir jis nusprendė kurį laiką pabūti su ja. Ji kalbėjosi su ja ir stengėsi, kad ji pasijustų geriau. Po kurio laiko **moteris** nustojo verkti ir padėkojo Gintarei, kad buvo su ja. Gintarė ir moteris susidraugavo ir dažnai susitikdavo miškelyje pasikalbėti. Vieną dieną joms **besikalbant** pasirodė moters vyras. Jis atėjo atsiprašyti už tai, ką padarė, ir prašė jos **atleidimo**.

Moteris iš pradžių dvejojo, bet po to, kai Amberis su ja pasikalbėjo, nusprendė suteikti jam dar vieną šansą. Visi trys kartu išėjo iš miško kirtavietės ir grįžo į moters namus. Gintarė buvo laiminga, kad galėjo padėti draugei vėl atrasti **laimę.** Po kelių mėnesių Gintarė miške susidūrė su moters vyru. Jis dar kartą padėkojo jai už tai, ką padarė, ir pasakė, kad jam ir jo žmonai sekasi kaip niekada gerai. Prieš eidami **skirtingais** keliais, jie kurį laiką kalbėjosi. Gintarė džiaugėsi, kad

Amber

Amber liep door het bos, bewonderde de **schoonheid** om haar heen, toen ze plotseling een geluid hoorde. Het klonk alsof iemand huilde. Ze volgde het geluid tot ze bij een open plek kwam en zag een vrouw op de grond zitten, huilend. Amber ging naar haar toe en vroeg wat **er aan de hand was**. De vrouw keek op naar Amber met tranen in haar ogen en zei: "Mijn man heeft me verlaten voor een andere vrouw." Ik hield zoveel van hem en nu is hij weg. "Amber had medelijden met de vrouw en besloot een tijdje bij haar te blijven. Ze praatte met haar en probeerde haar beter te laten voelen. Na een tijdje stopte de **vrouw** met huilen en bedankte Amber dat ze bij haar was. Amber en de vrouw werden vrienden en ontmoetten elkaar vaak op de open plek om te praten. Op een dag, terwijl ze aan **het praten waren**, kwam de echtgenoot van de vrouw opdagen. Hij was gekomen om zich te verontschuldigen voor wat hij had gedaan en smeekte haar om **vergeving**.

De vrouw aarzelde eerst, maar nadat Amber met haar had gepraat, besloot ze hem nog een kans te geven. Gedrieën verlieten ze de open plek en gingen terug naar het huis van de vrouw. Amber was blij dat ze haar vriendin kon helpen weer **geluk te vinden**. Een paar maanden later kwam Amber de man van de vrouw

galėjo padėti savo draugei, bet taip pat džiaugėsi, kad ir pati susirado naują draugą. Gintarė **toliau** tyrinėjo mišką ir netrukus rado kitą kirtavietę. Ši buvo pilna gražių gėlių. Ji sustojo jomis pasigrožėti, kai vėl išgirdo **kažkieno** verksmą. Ji nusekė paskui garsą ir pamatė ant žemės sėdinčią ir verkiančią moterį. Moteris su ašaromis akyse pažvelgė į Amber ir pasakė: "Mano vyras paliko mane dėl kitos moters". Aš jį taip mylėjau, o dabar jis **išėjo**. "

tegen in het bos. Hij bedankte haar nogmaals voor wat ze had gedaan en vertelde haar dat het beter dan ooit ging met hem en zijn vrouw. Ze praatten nog een tijdje voordat ze ieder hun **eigen** weg gingen. Amber was blij dat ze haar vriend had kunnen helpen, maar ze was ook blij dat ze zelf een nieuwe vriend had gemaakt. Amber **ging verder met haar verkenningstocht door** het bos en vond al snel een andere open plek. Deze was gevuld met prachtige bloemen. Ze stopte om ze te bewonderen toen ze weer **iemand** hoorde huilen. Ze volgde het geluid en vond een vrouw die op de grond zat te huilen. De vrouw keek naar Amber met tranen in haar ogen en zei: "Mijn man heeft me verlaten voor een andere vrouw." Ik hield zoveel van hem en nu is hij **weg**. "

Supratimo klausimai

1. Kokį triukšmą išgirdo Amberis?

2. Iš kur sklido triukšmas?

3. Kas buvo ta moteris, kurią rado Amberas?

4. Kas nutiko moteriai?

5. Kodėl Amber liko su ta moterimi?

6. Kaip moteris jautėsi po to, kai Amberis su ja pasikalbėjo?

7. Ką padarė moters vyras, kai grįžo?

8. Kaip Amber jautėsi po pokalbio su moters vyru?

9. Ką Gintarė rado antroje kirtavietėje?

10. Kas buvo antrojoje kirtavietėje?

Begrip vragen

1. Wat was het geluid dat Amber hoorde?

2. Waar kwam het lawaai vandaan?

3. Wie was de vrouw die Amber vond?

4. Wat was er met de vrouw gebeurd?

5. Waarom is Amber bij die vrouw gebleven?

6. Hoe voelde de vrouw zich nadat Amber met haar had gepraat?

7. Wat deed de man van de vrouw toen hij terugkwam?

8. Hoe voelde Amber zich nadat ze met de man van de vrouw had gepraat?

9. Wat vond Amber op de tweede open plek?

10. Wie was er op de tweede open plek?

Kernavės archeologinė vietovė

Kernavės archeologinė vietovė kadaise buvo šurmuliuojantis miestelis, pilnas gyvybės ir veiklos. Tačiau dabar tai miestas vaiduoklis; vieninteliai gyventojai - seniai čia mirusių žmonių **dvasios.** Ypač viena dvasia - tai jaunos moters, vardu Lina, dvasia. Ji tragiškai žuvo per gaisrą, kuris apėmė jos namus, palikdamas ją įkalintą ir vienišą. Kiekvieną dieną ji klaidžioja Kernavės gatvėmis ir vėl ir vėl išgyvena savo paskutines akimirkas. Tačiau šiandien viskas kitaip. Šiandien ji pirmą kartą po savo mirties jaučia kažkieno buvimą. Iš pradžių ji išsigąsta, manydama, kad tai gali būti vienas iš **demonų,** kurie kartais lankosi šioje vietoje ir kankina čia įstrigusias sielas. Bet kai ji atsisuka į **tą, kas tai būtų...** ji nieko ten nemato, išskyrus seną vyrą, vilkintį kitos epochos **drabužiais.** Jis prisistato esąs Jonas - jis taip pat gyveno Kernavėje, kol prieš daugelį metų mirė.

Jis pasako jai, kad nuo pat mirties ją stebėjo ir atėjo paimti jos rankos, kad jie pagaliau galėtų kartu keliauti į pomirtinį gyvenimą. Iš pradžių Lina abejoja, bet paima jo ranką ir leidžia jam ją vesti. Jiems einant Jonas pasakoja jai apie **įvairias** vietas, kuriose buvo po savo

Kernavė Archeologische Site

De archeologische vindplaats Kernavė was ooit een bruisende stad, vol leven en activiteit. Maar nu is het een spookstad; de enige inwoners zijn de **geesten** van degenen die hier lang geleden zijn gestorven. Eén geest in het bijzonder is die van een jonge vrouw, Lina. Zij stierf op tragische wijze in een brand die haar huis overspoelde, en liet haar gevangen en alleen achter. Elke dag dwaalt ze door de straten van Kernavė, haar laatste momenten steeds opnieuw herbelevend. Maar vandaag is anders. Vandaag voelt ze voor het eerst sinds haar dood de aanwezigheid van iemand anders. Eerst is ze bang, omdat ze denkt dat het een van de **demonen** is die hier soms komen om de zielen te kwellen die hier vastzitten. Maar als ze zich omdraait om te zien **wie** het is... ziet ze niets behalve een oude man met **kleren** uit een ander tijdperk. Hij stelt zich voor als Jonas - hij woonde vroeger ook in Kernavė voordat hij vele **jaren** geleden overleed.

Hij vertelt haar dat hij over haar waakt sinds haar dood en dat hij gekomen is om haar hand te pakken, zodat ze eindelijk samen verder kunnen naar het hiernamaals. Lina aarzelt eerst, maar ze neemt zijn hand en laat zich

mirties, ir apie viską, ką matė. Lina stebisi viskuo, ką jis aprašo, ir negali patikėti, kad gyvenimas po mirties yra daug daugiau, nei ji kada nors įsivaizdavo. Galiausiai jie atvyksta į **nuostabią** pievą, pilną laukinių gėlių. Jonas jai pasako, kad čia jų keliai turėtų išsiskirti, bet prieš išvykdamas jis nori įteikti jai paskutinę dovaną. Jis įkiša ranką į kišenę ir ištraukia mažą medinę dėžutę... kurios viduje yra subtilus sidabrinis vėrinys su vienu mėlynu **brangakmeniu** centre. Jis paaiškina, kad tai buvo mėgstamiausias jo žmonos papuošalas, ir sako, kad nori, jog Lina dabar jį turėtų kaip priminimą, kad ji nebėra **viena**; net jei jie išsiskiria, mylimi žmonės **dvasios** pavidalu visada yra su jais.

Lina su ašaromis akyse padėkoja Jonui už viską, **atsisveikina** ir pasuka atgal į Kernavę. Eidama tolyn Lina jaučiasi lengvesnė nei seniai. Ji žino, kad jos kelionė dar nesibaigė - bet dabar ji turi jėgų pasitikti viską, kas jos laukia ateityje, **žinodama,** kad jos mylimi žmonės visada su ja. Kitą dieną, kai Lina grįžta į Kernavę, ji mato, kad miestelis **pasikeitęs**. Pastatai nebėra apanglėję ir juodi nuo gaisro - dabar jie spindi ir yra nauji, tarsi tragedijos niekada nebūtų buvę.

door hem meevoeren. Terwijl ze lopen, vertelt Jonas haar over de **verschillende** plaatsen waar hij sinds zijn dood is geweest en over alle dingen die hij heeft gezien. Lina is verbaasd over alles wat hij beschrijft en kan niet geloven dat er zoveel meer is in het leven na de dood dan ze zich ooit had gerealiseerd. Uiteindelijk komen ze bij een **prachtige** weide vol wilde bloemen. Jonas vertelt haar dat ze hier afscheid van elkaar moeten nemen - maar voordat ze gaat, wil hij haar nog een laatste cadeau geven. Hij reikt in zijn zak en haalt er een klein houten doosje uit... met daarin een delicaat zilveren halskettinkje met één enkele blauwe **edelsteen** in het midden. Hij legt uit dat het het favoriete sieraad van zijn vrouw was en zegt dat hij wil dat Lina het nu krijgt als een herinnering dat ze niet meer **alleen** is; ook al zijn ze uit elkaar, hun geliefden zijn altijd bij hen in geestvorm.

Met tranen in haar ogen bedankt Lina Jonas voor alles, voordat ze **afscheid** neemt en zich omdraait richting Kernavė. Terwijl ze wegloopt, voelt Lina zich lichter dan ze in lange tijd geweest is. Ze weet dat haar reis nog niet ten einde is, maar ze heeft nu de kracht om alles wat haar te wachten staat aan te kunnen, **in de wetenschap** dat haar dierbaren altijd bij haar zijn. De volgende dag, als Lina terugkeert naar Kernavė, ziet ze dat de stad is **veranderd**. De gebouwen zijn niet langer verkoold en zwart van het vuur - ze zijn nu glanzend en nieuw, alsof de tragedie nooit heeft plaatsgevonden.

Supratimo klausimai

1. Kaip vadinasi Kernavę persekiojanti dvasia?

2. Kaip mirė Lina?

3. Kas yra Jonas?

4. Ką Jonas duoda Linai?

5. Ką Lina mato grįžusi į Kernavę?

6. Kodėl vėrinys yra reikšmingas?

7. Kur Jonas nuveš Liną?

8. Ką Jonas pasakoja Linai apie jos kelionę?

9. Kaip Lina jaučiasi susitikusi su Jonu?

10. Ką Linai reiškia vėrinys?

Begrip vragen

1. Wat is de naam van de geest die Kernavė achtervolgt?

2. Hoe is Lina gestorven?

3. Wie is Jonas?

4. Wat geeft Jonas aan Lina?

5. Wat ziet Lina als ze terugkeert naar Kernavė?

6. Waarom is de ketting belangrijk?

7. Waar neemt Jonas Lina mee naar toe?

8. Wat vertelt Jonas aan Lina over haar reis?

9. Hoe voelt Lina zich nadat ze Jonas ontmoet heeft?

10. Wat stelt de ketting voor Lina voor?

Krepšinis

Gimnazijos salėje aidėjo kamuolio, šokinėjančio ant kietos dangos, garsas. Lauke buvo graži diena, bet Maikui tai nebuvo svarbu. Jis galvojo apie vieną dalyką - krepšinį. Jis driblingavo aplink įsivaizduojamus gynėjus, stengdamasis visą laiką laikyti galvą pakeltą aukštyn. Treneris jam visada sakydavo, kad jei nori būti puikus **žaidėjas,** turi gerai matyti aikštę. Jis sustodavo ties įžaidėjo viršūne ir apžvelgdavo aikštę. Priešais jį nebuvo tikrų **gynėjų,** bet jis apsimetė, kad **jų** yra. Jis giliai įkvėpė ir žengė savo žingsnį. Jis judėjo link krepšio, naudodamasis kūnu, kad apsaugotų kamuolį nuo įsivaizduojamų gynėjų. Priartėjęs prie krepšio, jis pakėlė kamuolį ir **tobulai** išleido metimą. Jis įskriejo!

Vos tik jis atsitrenkė tik į tinklą, Maikas nubėgo jo paimti, kad galėtų tai pakartoti. Šį kartą jis turėjo atlikti dar **sunkesnį** smūgį iš didesnio atstumo. Mike'o treneris visada sakydavo, kad praktika daro meistriškumą. Todėl Maikas valandų valandas praleisdavo sporto salėje, tobulindamas savo žaidimą. Kasdien jis šaudė šimtus šūvių, stengdamasis pagerinti **taiklumą.** Atrodo, kad tai pasiteisino - jis buvo vienas geriausių komandos žaidėjų. Vieną dieną, po itin įtemptos **treniruotės,** Maikas nusprendė skirti laiko sau ir tiesiog pažaisti. Jis ėmė šaudyti iš visos aikštelės, pataikydamas

Basketbal

Het geluid van de bal die op het hardhout stuiterde galmde door de **gymzaal**. Het was een prachtige dag buiten, maar dat maakte Mike niet uit. Hij had maar één ding aan zijn hoofd, en dat was basketbal. Hij dribbelde om denkbeeldige verdedigers heen en zorgde ervoor dat hij zijn hoofd altijd omhoog hield. Zijn coach zei hem altijd dat als hij een goede **speler** wilde worden, hij een goed zicht op het veld moest hebben. Hij stopte op de top van de sleutel en overzag het veld. Er waren geen echte **verdedigers** voor hem, maar hij deed alsof ze er waren. Hij haalde diep adem en maakte dan zijn beweging. Hij reed naar de basket, zijn lichaam gebruikend om de bal af te schermen van denkbeeldige verdedigers. Toen hij binnen bereik was, hief hij op en schoot met **perfecte** vorm. Hij ging erin!

Zodra de bal niets anders dan het net raakte, rende Mike naar hem toe om hem op te halen, zodat hij het nog eens kon doen. Deze keer zou hij een nog **moeilijker** schot maken, een van verder weg. Mike's coach zei altijd dat oefening baart kunst. Dat was de reden waarom Mike uren en uren in de gymzaal doorbracht, werkend aan zijn spel. Hij schoot elke dag honderden keren, om te proberen zijn **nauwkeurigheid** te verbeteren. En het leek zijn vruchten af te werpen;

vieną metimą po kito. Staiga jis sulaukė žiūrovų; jo **komandos draugai** susirinko aplink ir nustebę stebėjo jį. Jie dar niekada nebuvo matę, kad kas nors taip **šaudytų!**

Savo šaudymu sužavėjęs komandos draugus, Mike'as dar labiau pasitikėjo savimi ir savo jėgomis. Jis ėmė labiau rizikuoti aikštėje ir tai pasiteisino - jis vedė savo komandą į pergalę po **pergalės**. Treneris juo pasitikėjo ir suteikė jam daugiau atsakomybės puolime; netrukus žmonės jį ėmė vadinti "naujuoju didžiuoju žaidėju". Tačiau spaudimas Mike'o nepalaužė; jei ne kitaip, tai tik dar labiau pagerino jo rezultatus spaudimo **situacijose**. Jis klestėjo, kai žaidimas buvo ant ribos, ir pataikydavo vieną įvartį po kito. Jis greitai tapo žinomas kaip vienas geriausių krepšininkų mieste, o vėliau ir valstijoje, o galiausiai ir **šalyje**.

hij was een van de beste spelers van zijn team. Op een dag, na een bijzonder slopende trainingssessie, besloot Mike wat tijd voor zichzelf te nemen en gewoon wat te spelen. Hij begon van over het hele veld te schieten, schot na schot. Plotseling had hij een publiek; zijn **teamgenoten** waren bijeengekomen om hem verbaasd te bekijken. Ze hadden nog nooit iemand zo zien **schieten**!

Nadat hij indruk had gemaakt op zijn teamgenoten met zijn **schietkunsten**, kreeg Mike nog meer vertrouwen in zichzelf en zijn capaciteiten. Hij begon meer risico's te nemen op het veld en dat betaalde zich uit; hij leidde zijn team naar de ene overwinning na **de andere**. Zijn coach had vertrouwen in hem en gaf hem meer verantwoordelijkheid in de aanval; al snel werd hij "the next big thing" genoemd. De druk maakte Mike niet uit, hij presteerde juist beter onder druk. Hij bloeide op als de wedstrijd op het spel stond en schoot het ene na het andere schot. Hij werd al snel bekend als een van de beste basketbalspelers van de stad... en uiteindelijk van de staat... en uiteindelijk van het **land**.

Supratimo klausimai

1. Koks garsas aidėjo gimnazijoje?

2. Koks oras buvo lauke?

3. Į ką Mike'as sutelkė dėmesį?

4. Ką Mike'o treneris jam pasakė apie tai, kaip tapti puikiu žaidėju?

5. Ką Mike'as padarė, kai pasiekė rakto viršūnę?

6. Ką apsimetė Mike'as, kai važiavo link krepšio?

7. Kodėl Maikas valandų valandas praleido sporto salėje?

8. Kuo Mike'as sužavėjo komandos draugus?

9. Ką padarė Mike'o treneris, kai jis pradėjo vesti komandą į pergales?

10. Kaip Mike'as buvo žinomas, kai tapo vienu geriausių šalies žaidėjų?

Begrip vragen

1. Wat was het geluid dat door de gymzaal galmde?

2. Hoe was het weer buiten?

3. Wat was Mike's enige focus?

4. Wat heeft Mike's coach hem verteld over het worden van een grote speler?

5. Wat deed Mike toen hij boven aan de sleutel kwam?

6. Wat deed Mike toen hij naar de basket reed?

7. Waarom bracht Mike uren door in de sportschool?

8. Wat deed Mike dat indruk maakte op zijn teamgenoten?

9. Wat deed Mike's coach toen hij het team naar de overwinning begon te leiden?

10. Hoe stond Mike bekend toen hij een van de beste spelers van het land werd?

Saltibarščiai

Pirmą kartą saltibarščių valgiau **pas** močiutę. Ji juos gamindavo kiekvieną vasarą, ir aš visada prašydavau jos paragauti. Galiausiai vienais metais ji leido man suvalgyti mažą dubenėlį. Tai buvo meilė iš pirmo kąsnio. Vėsi, gaivi sriuba buvo nepanaši į nieką, ko iki tol nebuvau ragavusi. Nuo to laiko esu priklausomas nuo Saltibarščių. Kai tik pamatau ją valgiaraštyje, negaliu **atsispirti ir neužsisakyti**. Ir nors dabar žinau, kaip ją pasigaminti pati, niekas neprilygsta močiutės receptui. Šį vakarą, kai sėdžiu ir mėgaujuosi dubenėliu šios gardžios sriubos,negaliu negalvoti apie visus su ja susijusius **nuostabius** prisiminimus. Nuo šeimos susibūrimų iki tingių vasaros dienų, praleistų pavėsyje valgant dubenėlius saltibarščių, šis paprastas patiekalas man tapo kur kas daugiau nei tik maistu; jis tapo mano gyvenimo istorijos dalimi. Su saltibarščiais mane supažindino močiutė, bet tik **persikėlusi gyventi į** Lietuvą iš tiesų įsimylėjau šią **sriubą**.

Lietuvoje saltibarščiai yra nacionalinis patiekalas. Jį valgo visi, o skirtingų receptų yra tiek, kiek yra šeimų. Vieni mėgsta aštrius, kiti - saldesnius. Kad ir kokie būtų jūsų pageidavimai, viena yra aišku: Lietuviški saltibarščiai yra geriausi pasaulyje. Per daugelį metų išbandžiau dešimtis skirtingų šios sriubos versijų, tačiau niekas negali **prilygti** mano močiutės receptui.

Saltibarsciai

De eerste keer dat ik saltibarsciai at, was bij mijn grootmoeder **thuis**. Ze maakte het elke zomer, en ik smeekte haar altijd om het te proeven. Eindelijk, op een jaar, liet ze me een klein kommetje proeven. Het was liefde bij de eerste hap. De koele, verfrissende soep was anders dan alles wat ik ooit had geproefd. Sindsdien ben ik verslaafd aan Saltibarsciai. Telkens als ik het op een menukaart zie staan, kan ik het niet **laten** het te bestellen. En ook al weet ik nu hoe ik het zelf moet maken, er gaat niets boven oma's recept. Vanavond, als ik ga zitten om van een kom van deze heerlijke soep te genieten, kan ik het niet helpen om aan alle **mooie** herinneringen te denken die eraan verbonden zijn. Van familiebijeenkomsten tot luie zomerdagen waarop ik kommen saltibarsciai in de schaduw zat te eten: dit eenvoudige gerecht is voor mij zoveel meer dan alleen maar eten; het is een deel van mijn levensverhaal geworden. Mijn grootmoeder liet me kennismaken met Saltibarsciai, maar pas toen ik naar Litouwen verhuisde, werd ik echt verliefd op de **soep**.

In Litouwen is saltibarsciai een nationaal gerecht. Iedereen eet het, en er zijn evenveel verschillende recepten als er families zijn. Sommigen houden van pittig, terwijl anderen de voorkeur geven aan een zoetere versie. Maar waar je voorkeur ook naar

Jis paprastas ir tobulas, toks, kokį ji visada gamindavo. Jau kelias dienas be perstojo lijo ir aš pradėjau blaškytis užsidariusi savo bute. Todėl kai draugė pasiūlė papietauti jos mėgstamiausiame lietuviškame **restorane,** pasinaudojau proga. Manęs laukė malonumas. Vos tik įžengiau į restoraną, mane pasiekė viliojantis Saltibarščių kvapas. Mano burna ėmė rausti, o skrandis gurgždėti iš **nekantrumo**.

Greitai užsisakėme ir netrukus prieš mus buvo pastatyti garuojančios sriubos **dubenys.** Atsargiai gurkštelėjau, nenorėdama nudeginti liežuvio, ir išsižiojusi iš malonumo sustingau, kai skonis išsiskleidė mano skonio receptoriuose. Jis buvo dar geresnis, nei prisiminiau. Sėdėdamas čia ir valgydamas dubenėlį po dubenėlio šios gardžios sriubos, negaliu negalvoti apie tai, kaip stipriai **pasikeitė** mano gyvenimas nuo to pirmojo paragavimo prieš daugelį metų. Tuomet buvau dar **vaikas,** neturintis jokių rimtų pareigų ar rūpesčių. Šiandien atrodo, kad nuolat kažkas slegia mano mintis. Bet kai tik išgeriu dubenėlį "Saltibarsciai", visi tie rūpesčiai išnyksta, ir aš grįžtu į paprastesnius laikus.

uitgaat, één ding is zeker: Litouwse saltibarsciai is de beste ter wereld. Ik heb in de loop der jaren tientallen verschillende versies van deze soep geprobeerd, maar niets kan **tippen** aan het recept van mijn grootmoeder. Het is eenvoudig en perfect, net zoals zij altijd was. Het regende al dagen non-stop en ik begon gek te worden, opgesloten in mijn appartement. Dus toen mijn vriendin voorstelde om te gaan lunchen in haar favoriete Litouwse **restaurant**, greep ik die kans met beide handen aan. Ik was in voor een traktatie. Op het moment dat ik het restaurant binnenstapte, kwam de verleidelijke geur van Saltibarsciai me tegemoet. Mijn mond begon te watertanden en mijn maag knorde in **afwachting**.

We bestelden snel, en al gauw stonden er dampende **kommen** soep voor ons. Ik nam een voorzichtige slok, wilde mijn tong niet verbranden, en liet toen een kreun van genot horen toen de smaak explodeerde op mijn smaakpapillen. Het was nog lekkerder dan ik me herinnerde. Terwijl ik hier nu kom na kom van deze heerlijke soep eet, moet ik er steeds aan denken hoezeer mijn leven **veranderd** is sinds die eerste smaak, al die jaren geleden. Toen was ik nog een **kind** zonder echte verantwoordelijkheden of zorgen. Tegenwoordig lijkt het alsof er altijd wel iets op mijn lever ligt. Maar wanneer ik een kom Saltibarsciai eet, verdwijnen al die zorgen en word ik **teruggevoerd** naar eenvoudigere tijden.

Supratimo klausimai

1. Koks pirmasis autoriaus prisiminimas apie saltibarščius?

2. Kaip jautėsi autorius, pirmą kartą paragavęs saltibarščių?

3. Kodėl saltibarščiai yra toks populiarus patiekalas Lietuvoje?

4. Ką autorius mano apie savo močiutės saltibarščių receptą?

5. Kaip autorius jaučiasi valgydamas saltibarščius restorane?

6. Apie ką autorius galvoja valgydamas saltibarščius?

7. Kokius prisiminimus autoriui primena saltibarščiai?

8. Kur autorius pirmą kartą paragauja saltibarščių?

9. Koks oras buvo tą dieną, kai autorius pietums valgė saltibarščius?

10. Kaip pasikeitė autoriaus gyvenimas nuo tada, kai jis pirmą kartą paragavo saltibarščių?

Begrip vragen

1. Wat is de eerste herinnering van de auteur aan saltibarsciai?

2. Hoe voelde de auteur zich nadat hij voor de eerste keer saltibarsciai had geproefd?

3. Waarom is saltibarsciai zo'n populair gerecht in Litouwen?

4. Wat vindt de auteur van het saltibarsciai recept van hun grootmoeder?

5. Hoe voelt de schrijver zich terwijl hij saltibarsciai eet in het restaurant?

6. Waar denkt de schrijver aan terwijl hij saltibarsciai eet?

7. Aan wat voor herinneringen doet saltibarsciai de schrijver denken?

8. Waar probeert de auteur voor het eerst saltibarsciai?

9. Wat voor weer was het op de dag dat de schrijver saltibarsciai als lunch had?

10. Hoe is het leven van de auteur veranderd sinds hij voor het eerst saltibarsciai proefde?

Pažaislio vienuolynas

Pažaislio vienuolyną 1662 m. įkūrė Lenkijos karalius Jonas II Kazimieras. Jis yra Kaune, Lietuvoje, ir yra gražus baroko **stiliaus** vienuolynas. Kompleksą sudaro bažnyčia, du vienuolynai ir įvairūs kiti pastatai. Vienuolynas buvo pastatytas ankstesnės medinės bažnyčios, kurią sunaikino **gaisras,** vietoje. Pažaislio vienuolynas greitai tapo populiaria piligrimų iš visos Lenkijos ir Lietuvos lankytina **vieta.** Daug žmonių atvyko pamatyti stebuklingo Mergelės Marijos paveikslo, kuris, kaip teigiama, buvo saugomas vienuolyno **koplyčioje**. Buvo sakoma, kad paveikslas turi gydomųjų galių ir daugelis žmonių, pasimeldę prie jo, pasveiko nuo ligų. 1701 m. per Šiaurės karą švedų kariai apiplėšė ir sudegino didžiąją dalį vienuolyno komplekso.

Tačiau jie pasigailėjo Dievo **Motinos** koplyčios, kurioje ir šiandien tebėra stebuklingas Marijos atvaizdas. Po restauravimo Pažaislio vienuolynas vėl tapo visos Europos katalikų piligrimystės vieta. **Šiandien** Pažaislio vienuolynas yra populiari turistų lankoma vieta. Lankytojai gali apžiūrėti gražią barokinę bažnyčią ir vienuolynus, o Dievo Motinos koplyčioje

Pažaislis Klooster

Het Pažaislis klooster werd in 1662 gesticht door de Poolse koning, Jan II Casimir. Het bevindt zich in Kaunas, Litouwen en is een prachtig klooster in **barokstijl**. Het complex omvat een kerk, twee kloostergangen en diverse andere gebouwen. Het klooster werd gebouwd op de plaats van een eerdere houten kerk die door **brand was verwoest**. Het Pažaislis klooster werd al snel een populaire **bestemming** voor pelgrims uit heel Polen en Litouwen. Velen kwamen om het miraculeuze beeld van de Maagd Maria te zien dat in de **kapel** van het klooster zou staan. Het beeld zou genezende krachten hebben en veel mensen genazen van hun kwalen nadat ze ervoor hadden gebeden. In 1701, tijdens de Noordelijke Oorlog, plunderden en verbrandden Zweedse troepen een groot deel van het kloostercomplex.

De kapel van **Onze-Lieve-Vrouw is** echter gespaard gebleven en daar staat nu nog steeds de wonderbaarlijke beeltenis van Maria. Na de restauratie werd het klooster van Pažaislis opnieuw een bedevaartsoord voor katholieken uit heel Europa. **Tegenwoordig is** het klooster van Pažaislis een

pamatyti stebuklingąjį Marijos paveikslą. Vienuolyno komplekse taip pat yra muziejus, kuriame eksponuojami vienuolyno **istorijos** ir meno kūriniai. Jei ieškote vietos atsipalaiduoti ir pasimėgauti ramybe, Pažaislio vienuolyną tikrai verta **aplankyti**. Įsikūręs vaizdingoje aplinkoje, nesunku suprasti, kodėl ši vieta jau šimtmečius traukia lankytojus. Eidami pro vienuolyno **vartus** negalite nepajusti taikos ir ramybės jausmo.

Graži barokinė bažnyčia ir **vienuolynai** spinduliuoja ramybę. Nueikite į Dievo Motinos koplyčią ir pamatysite, kad jus traukia stebuklingas Marijos atvaizdas. Atsiklaupiate ir meldžiatės, prašydami patarimų savo gyvenime. Sėdėdami **tyloje** staiga pajuntate nuo paveikslo sklindančią šilumą. Ji pripildo jus vilties ir drąsos, nes žinote, kad, kad ir **kokie iššūkiai jūsų** lauktų, sugebėsite juos įveikti. Iš Pažaislio vienuolyno išeinate atgaivintas ir atsinaujinęs. Šios vietos ramybė ir taika pasiliko su jumis, suteikdama **jėgų** įveikti viską, kas laukia ateityje. Esate dėkingi, kad **patyrėte** šią **patirtį,** ir žinote, kad visada prisiminsite Pažaislio vienuolyno ramybę.

populaire toeristische bestemming. Bezoekers
kunnen de prachtige barokke kerk en kloostergangen
bezichtigen en de miraculeuze beeltenis van Maria
in de kapel van Onze-Lieve-Vrouw bekijken. Het
kloostercomplex huisvest ook een museum met
tentoonstellingen over de **geschiedenis** en de kunst.
Als u op zoek bent naar een plek om te ontspannen en
te genieten van wat rust en stilte, dan is het Pažaislis
klooster zeker een **bezoek waard**. Het ligt in een
schilderachtige omgeving en het is niet moeilijk te
begrijpen waarom deze plek al eeuwenlang bezoekers
trekt. Als u door de **poorten** van het klooster loopt, kunt
u niet anders dan een gevoel van vrede en rust ervaren.

De prachtige barokke kerk en **kloostergangen** lijken
sereniteit uit te stralen. Je gaat naar de kapel van
Onze Lieve Vrouw en wordt aangetrokken door het
miraculeuze beeld van Maria. Je knielt neer en bidt,
vraagt om leiding in je leven. Terwijl je daar in **stilte**
zit, voel je plotseling een warmte die van het beeld
uitgaat. Het vervult je met een gevoel van hoop en
moed, in de wetenschap dat welke **uitdagingen** je ook
te wachten staan, je in staat zult zijn ze te overwinnen.
U verlaat het klooster van Pažaislis met een verfrist en
vernieuwd gevoel. De rust en kalmte van deze plek zijn
u bijgebleven en geven u de **kracht** om alles wat voor u
ligt aan te kunnen. U bent dankbaar voor deze **ervaring**
en weet dat u zich de sereniteit van het Pažaislis
klooster altijd zult blijven herinneren.

Supratimo klausimai

1. Kas yra Pažaislio vienuolynas?

2. Kur yra Pažaislio vienuolynas?

3. Kokio stiliaus yra Pažaislio vienuolynas?

4. Kokie pastatai įeina į Pažaislio vienuolyno kompleksą?

5. Kodėl buvo pastatytas Pažaislio vienuolynas?

6. Kas buvo pasakyta apie vienuolyno koplyčioje esantį Mergelės Marijos atvaizdą?

7. Kas nutiko Pažaislio vienuolynui Šiaurės karo metu?

8. Kuo vėl tapo Pažaislio vienuolynas po restauracijos?

9. Ką Pažaislio vienuolyne lankytojai gali nuveikti šiandien?

10. Koks bendras jausmas apima apsilankius Pažaislio vienuolyne?

Begrip vragen

1. Wat is het Pažaislis klooster?

2. Waar ligt het Pažaislis klooster?

3. Wat is de stijl van het Pažaislis klooster?

4. Welke gebouwen behoren tot het kloostercomplex van Pažaislis?

5. Waarom is het Pažaislis klooster gebouwd?

6. Wat werd er gezegd over het beeld van de Maagd Maria dat in de kapel van het klooster stond?

7. Wat is er met het Pažaislis klooster gebeurd tijdens de Noordelijke Oorlog?

8. Wat is het klooster van Pažaislis geworden nadat het gerestaureerd was?

9. Wat kunnen bezoekers vandaag doen in het Pažaislis klooster?

10. Wat is het algemene gevoel dat men krijgt bij een bezoek aan het Pažaislis klooster?

Karšto oro balionai

Dangus buvo nuostabiai mėlynas, o **saulė** švietė. Tai buvo puiki diena skraidyti. Džonas ir jo draugai jau kelias savaites planavo pakilti oro balionais, o šiandien pagaliau atėjo ta diena. Anksti **ryte** jie atvyko į **starto** vietą, nekantraudami pradėti. Kai viskas buvo paruošta, jie susėdo į savo krepšius ir pakilo. Iš viršaus atsivėręs vaizdas gniaužė kvapą. Jie matė daugybę mylių į visas puses. Plaukdami jie vienas kitam rodė **įdomius** dalykus ir fotografavo. Tai buvo puiki diena, kol staiga kažkas sugedo su vienu iš **balionų**. Pasigirdo garsus sprogimas, o po to iš baliono ištrūko oras.

Balionas ėmė sparčiai **leistis žemyn** link žemės, esančios toli po jais. Džono ir jo draugų laukė geriausias jų gyvenimo nuotykis. Jie tvirtai laikėsi, kol balionas smigo į žemę. Laimei, jie nusileido minkštame lauke, tačiau nusileidimas vis tiek buvo sunkus. Visi buvo sukrėsti, bet, laimei, niekas nenukentėjo. Visi Džono draugai nekantravo vėl pakilti į orą, tačiau Džonas buvo praradęs **nuotykių** skonį. Jis nusprendė nuo šiol likti ant tvirtos žemės. Džono draugai savo oro balionais patyrė dar daugybę nuotykių, tačiau Džonas **daugiau** niekada prie jų neprisijungė. Jis visada prisimindavo tą dieną, kai vos **nesudužo,** ir nusprendė, kad tai tiesiog per daug rizikinga. Kiekvieną kartą

Hete lucht ballonnen

De lucht was prachtig blauw, en de **zon** scheen. Het was een perfecte dag om te vliegen. John en zijn vrienden waren al weken van plan om in hun heteluchtballon de lucht in te gaan, en vandaag was het eindelijk zover. Ze arriveerden vroeg in de **ochtend** op de lanceerplaats, popelend om te beginnen. Nadat alles was klaargezet, klommen ze in hun mandjes en stegen ze op. Het uitzicht van bovenaf was adembenemend. Ze konden kilometers ver kijken in elke richting. Terwijl ze voortdreven, wezen ze elkaar op **interessante** dingen en namen foto's. Het was een perfecte dag, totdat er plotseling iets mis ging met een van de **ballonnen**. Er klonk een luide plop, gevolgd door een suizend geluid van lucht die uit het omhulsel ontsnapte.

De ballon begon snel te dalen naar de grond ver onder hen. John en zijn vrienden beleefden de rit van hun leven. Ze hielden zich stevig vast toen de ballon naar de grond stortte. Gelukkig landden ze in een zacht veld, maar het was nog steeds een ruwe landing. Iedereen was door elkaar geschud, maar gelukkig raakte niemand gewond. Johns vrienden wilden allemaal graag weer de lucht in, maar John had de smaak van het **avontuur** verloren. Hij besloot om vanaf dat moment op vaste grond te blijven. Johns vrienden beleefden

pamatęs danguje sklendžiantį oro balioną, jis negalėjo atsikratyti pavydo jausmo. Jis žinojo, kad jie ten smagiai leidžia laiką, bet tai buvo ne jam. Po daugelio metų visi Džono **draugai** vis dar skraidė karšto oro balionais. Jie dažnai kviesdavo jį prisijungti, bet jis visada **atsisakydavo**.

Jis su pasitenkinimu stebėjo nuo žemės, kaip jie skrieja **dangumi,** mėgaudamasis laisve ir nuostabiais vaizdais. Džono draugai jau kelias savaites planavo pakilti oro **balionu,** ir šiandien pagaliau atėjo ta diena. Anksti ryte jie atvyko į starto vietą, nekantraudami pradėti. Kai viskas buvo paruošta, jie susėdo į savo krepšius ir pakilo. Iš viršaus atsivėręs vaizdas **gniaužė kvapą**. Jie matė daugybę kilometrų į visas puses. Plaukdami jie vienas kitam rodė įdomius dalykus ir fotografavo. Tai buvo **puiki** diena, kol staiga kažkas sugedo su vienu iš balionų. Pasigirdo garsus sprogimas, po kurio iš baliono ištrūko **oras.**

nog vele avonturen in hun heteluchtballonnen, maar John ging nooit **meer** met hen mee. Hij herinnerde zich altijd de dag dat hij bijna **neerstortte** en besloot dat het gewoon te riskant was. Telkens als hij een heteluchtballon in de lucht zag zweven, kon hij het niet helpen dat hij een beetje jaloers werd. Hij wist dat ze daarboven plezier hadden, maar het was niets voor hem. Jaren later vlogen John's **vrienden** nog steeds in heteluchtballonnen. Ze nodigden hem vaak uit om mee te gaan, maar hij **weigerde altijd**.

Hij nam er genoegen mee om vanaf de grond toe te kijken hoe ze door de **lucht vlogen**, genietend van hun vrijheid en het prachtige uitzicht. Johns vrienden waren al weken van plan om in hun **heteluchtballon** de lucht in te gaan, en vandaag was het eindelijk zover. Ze arriveerden vroeg in de ochtend op de lanceerplaats, enthousiast om te beginnen. Nadat alles was klaargezet, klommen ze in hun mandjes en stegen ze op. Het uitzicht van bovenaf was **adembenemend**. Ze konden kilometers ver kijken in elke richting. Terwijl ze voortdreven, wezen ze elkaar op interessante dingen en namen foto's. Het was een **perfecte** dag totdat er plotseling iets mis ging met een van de ballonnen. Er klonk een luide plop, gevolgd door een suizende wind van **lucht** die uit het omhulsel ontsnapte.

Supratimo klausimai

1. Koks buvo dangus, kai Džonas ir jo draugai pakilo oro balionu?

2. Kiek laiko Jonas ir jo draugai planavo pakilti oro balionu?

3. Ką Jonas ir jo draugai veikė pakilę oro balionu?

4. Kas nutiko su vienu iš balionų?

5. Kaip Jonas ir jo draugai jautėsi, kai sparčiai leidosi žemyn?

6. Kur jie nusileido?

7. Ar kas nors buvo sužeistas?

8. Ką Jonas nusprendė daryti po incidento?

9. Ką po incidento darė Jono draugai?

10. Ką Jonas darydavo kiekvieną kartą, kai danguje pamatydavo oro balioną?

Begrip vragen

1. Hoe zag de lucht eruit toen John en zijn vrienden in hun heteluchtballonnen de lucht ingingen?

2. Hoe lang waren John en zijn vrienden al van plan om met hun luchtballonnen de lucht in te gaan?

3. Wat deden John en zijn vrienden toen ze in hun heteluchtballonnen zaten?

4. Wat ging er mis met een van de ballonnen?

5. Hoe voelden Johannes en zijn vrienden zich toen zij snel naar de grond afdaalden?

6. Waar zijn ze geland?

7. Is er iemand gewond?

8. Wat besloot John te doen na het incident?

9. Wat deden de vrienden van John na het incident?

10. Wat deed John elke keer als hij een heteluchtballon in de lucht zag?

Paplūdimyje

Po saulėtekio bangos būna stipresnės, o smėlis virš potvynio yra baltas. Nueinu į paplūdimį, **grožėdamasis** jūra ir saule. Mano kojų pirštai jaučia kriauklių griovelius. Smėlis šaltas ant mano kojų pirštų. Nusišypsau ir einu toliau. Potvynis didelis, todėl turiu būti atsargi, kad manęs neįtrauktų. Einu palei vandens pakraštį ir žaviuosi jūra. Saulėlydis **gražus,** o bangos šniokščia. Jaučiuosi tokia rami. Prieinu vietą, kur yra uolos atodanga. Atsisėdu ir stebiu bangas. Vanduo toks mėlynas, o dangus toks **oranžinis**. Jaučiuosi tarsi sapne. Užmerkiu akis ir tiesiog klausausi bangų. Ilgai taip sėdėjau, kol išgirdau, kad kažkas mane šaukia vardu.

Atmerkiu akis ir matau link manęs einančią mamą. Jos veidas susirūpinęs. Aš nusišypsau ir pamojuoju, ir ji **atsipalaiduoja**. "Man buvo įdomu, kur tu išėjai, - sako ji. "Džiaugiuosi, kad mėgaujiesi paplūdimiu." Atsakau: "Taip ir yra." "Čia taip gražu." "Žinau", - sako ji. "Kai buvau tavo amžiaus, nuolat čia lankydavausi." "Tikrai?" Paklausiu. "Taip", - atsako ji. "Tai ypatinga vieta." "Ar kada nors čia sutikai ką nors ypatingo?" Paklausiu. "Sutikau", - atsako ji su šypsena. "Tavo tėvą." "Tikrai?" **Nustebusi** sakau. "Taip", - sako ji. "Mes nuolat čia kartu ateidavome. Čia mes įsimylėjome. " Šypsausi,

Op het strand

Na zonsopgang zijn de golven luider en het zand boven de vloed is wit. Ik loop naar het strand en **bewonder** de zee en de zon. Mijn tenen voelen de groeven van schelpen. Het zand is koud aan mijn tenen. Ik glimlach en loop door. Het is vloed, dus ik moet oppassen dat ik er niet in word getrokken. Ik loop langs de waterkant en bewonder de zee. De zonsopgang is **prachtig**, en de golven beuken. Ik voel me zo vredig. Ik kom op een plek waar een rots uitsteekt. Ik ga zitten en kijk naar de golven. Het water is zo blauw en de lucht is zo **oranje**. Ik voel me alsof ik in een droom ben. Ik sluit mijn ogen en luister alleen maar naar de golven. Ik zat daar een hele tijd, tot ik iemand mijn naam hoorde roepen.

Ik open mijn ogen en zie mijn moeder naar me toe lopen. Ze heeft een bezorgde blik op haar gezicht. Ik glimlach en zwaai, en ze **ontspant zich**. "Ik vroeg me al af waar je was," zegt ze. "Ik ben blij dat je van het strand geniet." Ik antwoord: "Dat doe ik." "Het is hier zo mooi." "Ik weet het," zegt ze. "Ik kwam hier altijd toen ik zo oud was als jij." "Echt waar?" Vraag ik. "Ja," antwoordt ze. "Het is een speciale plek." "Heb je hier ooit een speciaal iemand ontmoet?" Vraag ik. "Ik wel," antwoordt ze met een glimlach. "Je vader." "Echt waar?" Zeg ik, **verbaasd**. "Ja," zegt ze. "We kwamen hier altijd

įsivaizduodama savo tėvus, įsimylėjusius šiame gražiame paplūdimyje. "Tai ypatinga vieta", - pakartoja ji. "Džiaugiuosi, kad šiandien čia atėjai."

Dar kurį laiką sėdime ir **stebime** bangas bei saulėlydį. Tada atsistojame ir grįžtame prie savo paplūdimio rankšluosčių. Atsigulu ir žiūriu į žvaigždes. Jaučiuosi tokia laiminga ir patenkinta. Bangos dabar garsiau plaukia, o smėlis šaltas. Saulė leidžiasi ir pučia vėsus vėjelis. Bangos daužosi į krantą, o ore tvyro druskos kvapas. Puikus vakaras būti paplūdimyje. Vaikštau palei krantą, **klausausi** bangų ošimo ir stebiu saulėlydį. Matau ant smėlio sėdinčią grupę žmonių, kurie juokiasi ir juokauja. Atrodo, kad jie puikiai leidžia laiką. Prieinu prie jų ir paklausiu, ar galiu prie jų prisijungti. Jie sutinka, ir mes visą likusį vakarą kalbamės, juokiamės ir stebime **saulėlydį**. Tai puikus vakaras. Su grupe kalbamės, kol saulė nusileidžia. Dalijamės istorijomis ir juokeliais, ir visi puikiai leidžiame laiką. Pradėjus temti, visi pradedame jaustis pavargę. **Atsisveikindami** pabučiuojame vieni kitus ir išsiskiriame. Grįžtu į viešbutį, jausdamasis laimingas ir patenkintas. Negaliu patikėti, kaip čia gražu. Esu toks laimingas, kad tai **patyriau.**

samen. Het is waar we verliefd werden. " Ik glimlach en **stel me voor hoe** mijn ouders verliefd werden op dit prachtige strand. "Het is een speciale plek," herhaalt ze. "Ik ben blij dat je hier vandaag bent."

We zitten daar nog een tijdje, **kijken naar** de golven en de zonsondergang. Dan staan we op en lopen terug naar onze strandhanddoeken. Ik ga liggen en kijk naar de sterren. Ik voel me zo gelukkig en tevreden. De golven zijn nu luider, en het zand is koud. De zon gaat onder en er waait een koel briesje. De golven beuken tegen de kust, en de geur van zout hangt in de lucht. Het is een perfecte avond om op het strand te zijn. Ik loop langs het strand, **luister** naar het geluid van de golven en kijk naar de zonsondergang. Ik zie een groep mensen op het zand zitten, lachend en grapjes makend. Ze zien eruit alsof ze het naar hun zin hebben. Ik loop naar ze toe en vraag of ik erbij mag komen zitten. Ze zeggen ja, en we brengen de rest van de avond door met praten, lachen en kijken naar de **zonsondergang**. Het is een perfecte avond. De groep en ik praten tot de zon ondergaat. We delen verhalen en grappen, en we hebben allemaal een geweldige tijd. Als de avond begint te vallen, beginnen we allemaal moe te worden. We kussen elkaar **vaarwel** en gaan uit elkaar. Ik loop terug naar mijn hotel en voel me gelukkig en tevreden. Ik kan niet geloven hoe mooi het hier is. Ik ben zo gelukkig dat ik het heb mogen **meemaken**.

Supratimo klausimai

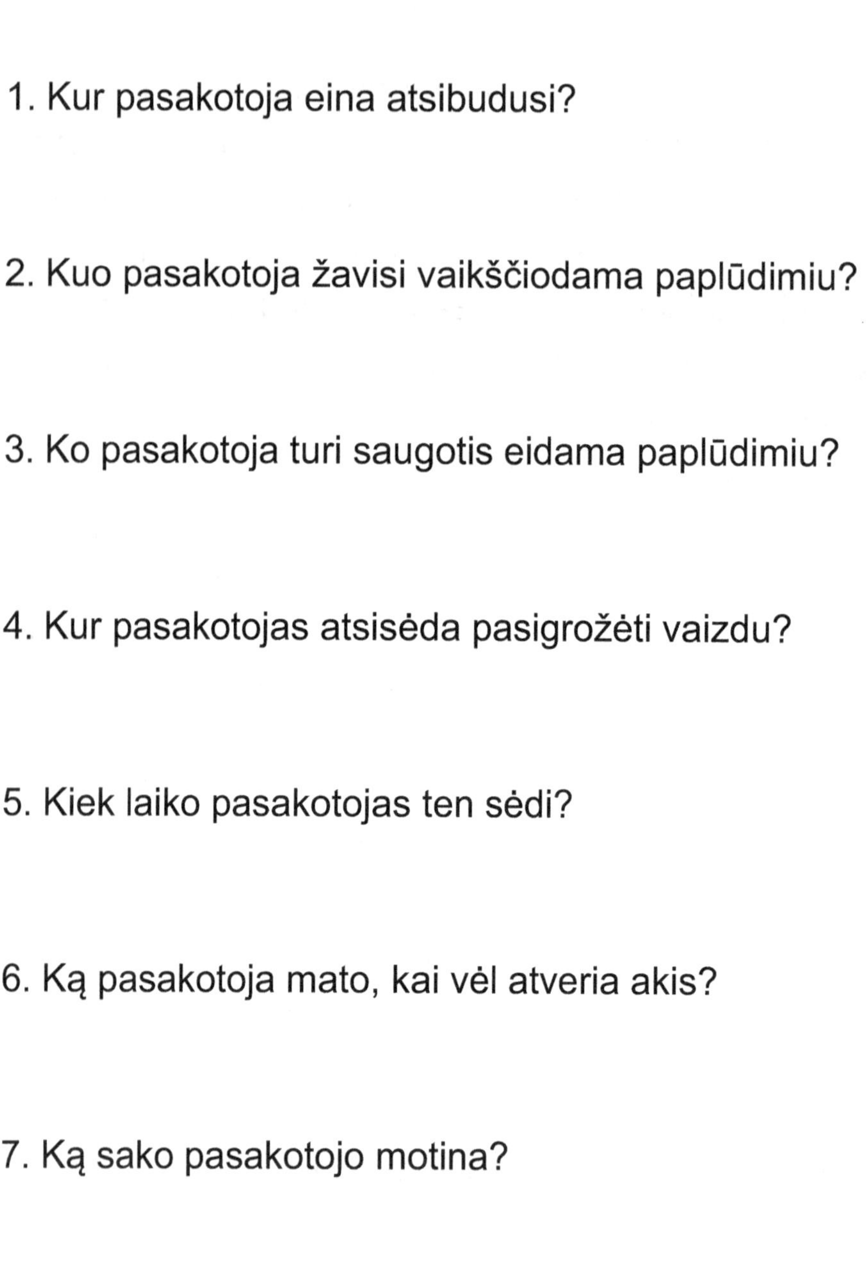

1. Kur pasakotoja eina atsibudusi?

2. Kuo pasakotoja žavisi vaikščiodama paplūdimiu?

3. Ko pasakotoja turi saugotis eidama paplūdimiu?

4. Kur pasakotojas atsisėda pasigrožėti vaizdu?

5. Kiek laiko pasakotojas ten sėdi?

6. Ką pasakotoja mato, kai vėl atveria akis?

7. Ką sako pasakotojo motina?

8. Apie ką kalbasi pasakotoja ir jos sutikti žmonės?

Begrip vragen

1. Waar gaat de vertelster heen nadat ze wakker is geworden?

2. Wat bewondert de vertelster als ze langs het strand loopt?

3. Waar moet de vertelster op letten als ze langs het strand loopt?

4. Waar gaat de verteller zitten om van het uitzicht te genieten?

5. Hoe lang blijft de verteller daar zitten?

6. Wie ziet de verteller als ze haar ogen weer opent?

7. Wat zegt de moeder van de verteller?

8. Waar praten de verteller en de mensen die ze ontmoet over?

Stovyklavimas prie ežero

Einu ežero link, **žavėdamasis** ramia aplinka. Saulė kepina nedidelį ežerą, todėl vanduo atrodo tarsi stiklo lakštas. Vienintelis judesys - retkarčiais paviršių **sudrebinanti** žuvis. Atrodo, kad net paukščiai ilsisi nuo karščio, o orą pripildo tik cikadų garsai. **Staiga** ramybę nutraukia garsus pliūpsnis. Didelė **žuvis** iššoka iš vandens, bandydama pagauti drakoniuką. Žuvis nepasiekia tikslo ir su šniokštimu krinta atgal į vandenį. "Oho, - pagalvoju sau, - tai buvo didelė žuvis!" Apsižvalgiau, ar dar kas nors ją matė, bet aplinkui nebuvo nė vieno žmogaus. Spėju, kad turėsiu jiems papasakoti, kai grįšiu į stovyklą.

Slegia karštis, todėl sunku kvėpuoti. Oras tirštas ir sunkus, tarsi apklotas. Vienintelis palengvėjimas - vanduo. Jis vėsus ir gaivus, tarsi šaltas gėrimas karštą dieną. Giliai įkvepiu ir pasineriu į vandenį. Lengvumas pajuntu iš karto, nes vėsus vanduo apsupa mane. Plaukiu iki dugno ir vėl išplaukiu į paviršių, jausdamas, kaip vanduo vėsina mano kūną. Toliau **plaukiu** ratus, mėgaudamasis atokvėpiu nuo karščio. Po kurio laiko išlipu iš vandens ir atsigulu ant žolės, kad saulė išdžiovintų mano kūną. Užmerkiu akis ir užmiegu, o

Kamperen aan het meer

Ik loop naar het meer en **bewonder** de vredigheid van het tafereel. De zon schijnt op het meertje, waardoor het water een glazen plaat lijkt. De enige beweging is af en toe een rimpeling van een vis **die** het wateroppervlak breekt. Zelfs de vogels lijken een pauze te nemen van de hitte, met alleen het geluid van cicaden die de lucht vullen. **Plotseling** wordt de rust verbroken door een luide plons. Een grote **vis** is uit het water gesprongen, in een poging een libel te vangen. De vis mist zijn doel en valt met een plons terug in het water. "Wow," denk ik bij mezelf, "dat was een grote vis!." Ik keek om me heen om te zien of iemand anders hem had gezien, maar er was niemand in de buurt. Ik denk dat ik het ze zal moeten vertellen als ik terug ben in het kamp.

De hitte is **drukkend**, waardoor het moeilijk is om te ademen. De lucht is dik en zwaar, als een deken om je heen gewikkeld. De enige verlichting is in het water. Het is koel en verfrissend, als een koud drankje op een warme dag. Ik haal diep adem en duik in het water. De opluchting is onmiddellijk als het koele water me omringt. Ik zwem naar de bodem en dan weer naar de oppervlakte, terwijl ik voel hoe het water mijn lichaam

cikadų garsai mane užmigdo giliu miegu. Leidžiu saulei iškepti vandenį iš mano odos. Jaučiu, kaip mano oda raudonuoja, bet man tai nerūpi. Man per karšta, kad man tai rūpėtų.Kitas dalykas, kurį žinau, - saulė jau leidžiasi. Dangus nusidažo gražia oranžine spalva su rausvais ir violetiniais dryžiais. Karštis dingo, jį pakeitė vėsus **vėjelis**.

Atsistoju ir vėl apsirengiu, jaučiuosi žvalus ir atjaunėjęs. Giliai **įkvepiu** vėsaus oro ir nusišypsau. Gera būti gyvam. Grįžtu į stovyklavietę ir žaviuosi, kaip danguje šoka spalvos. Tolumoje matau degantį laužą ir jaučiu ore tvyrantį dūmų kvapą. Nusišypsau ir **paspartinu** žingsnį. Esu pasiruošęs atsipalaiduoti ir mėgautis likusiu vakaru. Įeinu į stovyklavietę ir matau, kad visi susirinkę prie ugnies. Jie **juokiasi** ir juokauja, o aš matau, kaip ugnis atsispindi jų akyse. Nusišypsau ir atsisėdu šalia draugų. Gera sugrįžti. Kitą rytą pabundu anksti ir pradedu krautis daiktus. Nekantrauju grįžti į kelią ir tęsti kelionę. Atsisveikinu su draugais ir pradedu eiti tolyn. Eidamas paskutinį kartą pažvelgiu į **stovyklavietę**.

afkoelt. Ik blijf baantjes trekken en geniet van de afkoeling van de hitte. Na een tijdje kom ik uit het water en ga op het gras liggen, zodat de zon mijn lichaam kan drogen. Ik sluit mijn ogen en val in slaap, het geluid van de **cicaden** brengt me in een diepe slaap. Ik laat de zon het water uit mijn huid bakken. Ik voel dat mijn huid rood wordt, maar dat kan me niet schelen. Ik heb het te warm om me zorgen te maken. Het volgende dat ik weet, is dat de zon ondergaat. De lucht is prachtig oranje, met roze en paarse strepen. De hitte is weg, vervangen door een koel **briesje**.

Ik sta op en trek mijn kleren weer aan. Ik voel me verfrist en verjongd. Ik haal diep **adem** uit de koele lucht en glimlach. Het voelt goed om te leven. Ik loop terug naar de camping en bewonder de manier waarop de kleuren in de lucht dansen. In de verte zie ik het kampvuur branden, en ik ruik de rook in de lucht. Ik glimlach en **versnel** mijn pas. Ik ben klaar om te ontspannen en te genieten van de rest van mijn avond. Ik loop de camping op en zie dat iedereen rond het vuur zit. Ze **lachen** en maken grapjes, en ik kan het vuur in hun ogen zien weerkaatsen. Ik glimlach en ga naast mijn vrienden zitten. Het is goed om terug te zijn. De volgende ochtend sta ik vroeg op en begin mijn spullen in te pakken. Ik sta te popelen om weer op pad te gaan en mijn reis voort te zetten. Ik neem afscheid van mijn vrienden en begin weg te lopen. Terwijl ik loop, werp ik nog een laatste blik op de **camping**.

Supratimo klausimai

1. Kur eina vaikutis?

2. Koks oras?

3. Kaip atrodo vanduo?

4. Kaip vaikutis reaguoja į karštį?

5. Ką daro žuvis?

6. Kodėl vaikščiotojas yra vienas?

7. Kaip jaučiasi vanduo?

8. Kaip vaikutis jaučiasi po plaukimo?

9. Kuriuo paros metu vaikutis pabunda?

10. Kur eina vaikščiotojas, kai palieka stovyklą?

Begrip vragen

1. Waar gaat de wandelaar heen?

2. Wat voor weer is het?

3. Hoe ziet het water eruit?

4. Hoe reageert de wandelaar op de hitte?

5. Wat doet de vis?

6. Waarom is de wandelaar alleen?

7. Hoe voelt het water aan?

8. Hoe voelt de wandelaar zich na het zwemmen?

9. Hoe laat is het als de wandelaar wakker wordt?

10. Waar gaat de wandelaar heen als hij het kamp verlaat?

Namas

Praėjusią savaitę persikėliau į naujus namus ir labai **džiaugiuosi**! Jis daug didesnis už mano senąjį ir turi didelį kiemą. Negaliu sulaukti, kada galėsiu pasikviesti draugų į BBQ ir vakarėlius. Mano **mėgstamiausia** dalis yra mano naujasis miegamasis. Jis toks didelis ir šviesus, jame yra daug vietos visiems mano daiktams susidėti. Esu labai patenkinta savo naujaisiais namais ir manau, kad čia būsiu labai laiminga. Nusprendžiau dar šiek tiek patyrinėti namus. Užlipau į antrą aukštą ir pradėjau keliauti į virtuvę, kai ant sienos pamačiau didelį juodą vorą! Ėmiau šaukti ir nubėgau žemyn. Aš taip **išsigandau**! Bet po kelių minučių nusiraminau ir nusprendžiau grįžti į viršų. Lėtai nuėjau į virtuvę ir pamačiau, kad voras dingo. Man taip palengvėjo! Grįžau žemyn ir nusprendžiau išeiti į lauką patyrinėti **kiemo**. Jis buvo toks didelis! Negalėjau tuo patikėti. Kampe pamačiau sūpynes ir čiuožyklą. Taip pat pamačiau krepšinio tinklą ir **batutą**. Buvau tokia susijaudinusi!

Negaliu sulaukti, kada galėsiu naudoti visus šiuos naujus dalykus. Atėjo **kaimynai** ir prisistatė. Jie atrodė labai malonūs, ir mes kurį laiką kalbėjomės. Jie pakvietė mane į kitą savaitgalį vyksiančias kepsnines, ir aš pasakiau, kad mielai ateisiu. Pirmąją savaitę naujuose namuose praleidau puikiai ir džiaugiuosi visais naujais

Het Huis

Ik ben vorige week in mijn nieuwe huis getrokken, en ik ben zo **opgewonden**! Het is zoveel groter dan mijn oude, en het heeft een grote achtertuin. Ik kan niet wachten om vrienden uit te nodigen voor BBQ's en feestjes. Mijn **favoriete** deel is mijn nieuwe slaapkamer. Hij is zo groot en licht, en ik heb veel ruimte om al mijn spullen op te bergen. Ik ben echt blij met mijn nieuwe huis en ik denk dat ik hier heel gelukkig zal zijn. Ik besloot om het huis nog wat verder te verkennen. Ik ging naar boven naar de tweede verdieping en ging op weg naar de keuken toen ik een grote zwarte spin op de muur zag! Ik gilde en rende naar beneden. Ik was zo **bang**! Maar na een paar minuten was ik gekalmeerd en besloot ik terug naar boven te gaan. Ik ging langzaam naar de keuken en zag dat de spin weg was. Ik was zo opgelucht! Ik ging terug naar beneden en besloot naar buiten te gaan om de **achtertuin te verkennen**. Hij was zo groot! Ik kon het niet geloven. Ik zag een schommel in de hoek en een glijbaan. Ik zag ook een basketbalnet en een **trampoline**. Ik was zo opgewonden!

Ik kan niet wachten om al deze nieuwe spullen te gebruiken. De **buren** kwamen langs en stelden zich voor. Ze leken erg aardig, en we hebben een tijdje gepraat. Ze nodigden me uit voor hun BBQ volgend weekend, en ik zei dat ik graag zou komen. Ik had een

nuotykiais, kurie manęs laukia ateityje. Šiandien vėl eisiu tyrinėti kiemo ir pažiūrėsiu, ką dar rasiu. Kas žino, gal net rasiu kokį nors **lobį**. Nekantrauju pamatyti, ką atneš kita savaitė! Kitą savaitę vėl ėjau tyrinėti į kiemą ir radau **slaptą** sodą. Jis buvo toks gražus! Visur buvo gėlių ir mažas tvenkinys su žuvimis. Taip pat pamačiau sūpynes, kurių anksčiau nebuvau matęs. Labai džiaugiausi radęs šį slaptą sodą ir negaliu sulaukti, kada galėsiu jį ištyrinėti daugiau. Jis buvo toks **gražus**!

Visur buvo gėlių ir tvenkinys su žuvimis. Taip pat pamačiau **sūpynes, kurių** anksčiau nebuvau matęs. Labai džiaugiausi radusi šį slaptą sodą ir negaliu sulaukti, kada galėsiu jį patyrinėti daugiau. Man taip pat labai patiko mano naujasis kambarys. Jis buvo toks didelis ir šviesus, o ant sienų jau kabojo mano mėgstamų grupių plakatai. Man net nereikėjo atsivežti jokių savo **baldų,** nes čia jau buvo lova, komoda ir rašomasis stalas. Tai bus patys geriausi metai! Šiek tiek jaudinausi pradėdama mokytis naujoje **mokykloje,** bet visi mano naujieji kaimynai buvo tokie draugiški. Netgi susipažinau su mergaite, kuri gyvena kaimynystėje, ir ji sakė, kad pirmąją dieną eis su manimi į mokyklą pėsčiomis.

geweldige eerste week in mijn nieuwe huis, en ik ben opgewonden over alle nieuwe avonturen die in het verschiet liggen. Vandaag ga ik weer op verkenning in de achtertuin en kijken wat ik nog meer kan vinden. Wie weet, misschien vind ik wel een **schat**. Ik kan niet wachten om te zien wat de volgende week brengt! De volgende week ging ik weer op verkenning in de achtertuin, en ik vond een **geheime** tuin. Het was zo mooi! Er waren overal bloemen en een kleine vijver met vissen erin. Ik zag ook een schommel die ik nog niet eerder had gezien. Ik was zo opgewonden toen ik deze geheime tuin vond, en ik kan niet wachten om hem verder te verkennen. Het was zo **mooi**!

Er waren overal bloemen en een kleine vijver met vissen erin. Ik zag ook een **schommel** die ik nog niet eerder had gezien. Ik was zo opgewonden toen ik deze geheime tuin vond, en ik kan niet wachten om hem verder te verkennen. Ik vond mijn nieuwe kamer ook geweldig. Hij was zo groot en licht, en er hingen al posters van mijn favoriete bands aan de muur. Ik hoefde niet eens mijn eigen **meubels** mee te nemen, want er stonden al een bed, een dressoir en een bureau. Dit wordt het beste jaar ooit! Ik was een beetje nerveus om op een nieuwe **school** te beginnen, maar al mijn nieuwe buren zijn zo vriendelijk. Ik heb zelfs een meisje ontmoet dat naast me woont, en ze zegt dat ze op mijn eerste dag met me naar school zal lopen.

Supratimo klausimai

1. Kur asmuo gyvena?

2. Kaip žmogui patinka naujuose namuose?

3. Kokia yra mėgstamiausia naujojo namo dalis?

4. Ką žmogus rado sode?

5. Kas yra kaimynai?

6. Kaip žmogus jautėsi pirmosiomis dienomis naujuose namuose?

7. Kokia yra mėgstamiausia naujojo kambario dalis?

8. Ką asmuo planuoja daryti rytoj?

9. Kokia buvo geriausia pirmoji asmens savaitė naujuose namuose?

10. Kas yra naujame asmens kambaryje?

Begrip vragen

1. Waar woont de persoon?

2. Hoe vindt de persoon het in het nieuwe huis?

3. Wat is het favoriete deel van het nieuwe huis van de persoon?

4. Wat heeft de persoon in de tuin gevonden?

5. Wie zijn de buren?

6. Hoe voelde de persoon zich de eerste dagen in het nieuwe huis?

7. Wat is het favoriete deel van de nieuwe kamer van de persoon?

8. Wat is de persoon van plan morgen te doen?

9. Wat was het beste deel van de eerste week van de persoon in het nieuwe huis?

10. Wat is er allemaal in de nieuwe kamer van de persoon?

Traukinyje

Nubėgau į traukinių stotį, bet pavėlavau. Traukinys
jau buvo išvykęs be manęs. Jaučiausi toks **piktas**
ir **nusivylęs** savimi. Buvau suplanavusi traukiniu
nuvažiuoti aplankyti kaime gyvenančių senelių,
bet dabar turėjau visą valandą laukti kito traukinio.
Nusprendžiau kurį laiką pasivaikščioti po miestą ir
bandžiau pamiršti praleistą progą. Vaikščiodama ėmiau
svajoti apie visas vietas, į kurias gali nuvežti **traukiniai.**
Staiga nebebuvau toks nusiminęs. Grįžtu į stotį ir
negaliu nepastebėti didelio raudonos, baltos ir mėlynos
spalvos lokomotyvo, riedančio link manęs. Tik tada, kai
pro langą pamatau **konduktorių, kuris** man mojuoja,
suprantu, kad šis traukinys skirtas man. Įlipu į traukinį,
susirandu savo vietą ir įsitaisau, kad kelionė bus ilga.

Kai išvažiuojame iš stoties, negaliu nesusimąstyti, kur
šis traukinys mane nuveš. Per žaliuojančius **laukus,**
mėlynas upes, kalnus ir slėnius - nežinia, kur šis senas
traukinys nuveš. Prasidėjus nakčiai, užmiegu **ramiu**
miegu, užliūliuotas **ritmingo** vagonų judėjimo ant
bėgių apačioje. Kai vėl išaušta rytas, atmerkiu akis ir
matau, kad atvykome į mažą miestelį kažkur viduryje
niekur. Saulė vos išlindo iš už horizonto, o pagrindinėje
gatvėje pradeda šurmuliuoti vietiniai gyventojai; čia
viskas atrodo kaip bet kurią kitą dieną, išskyrus vieną

In de trein

Ik rende naar het treinstation, maar ik was te laat.
De trein was al vertrokken zonder mij. Ik voelde me
zo **boos** en **teleurgesteld** in mezelf. Ik was van plan
om met de trein naar mijn grootouders te gaan die
op het platteland wonen, maar nu moest ik een heel
uur wachten op de volgende trein. Ik besloot in plaats
daarvan een eindje door de stad te lopen en probeerde
mijn gemiste kans te vergeten. Terwijl ik liep, begon
ik **te dagdromen** over alle plaatsen waar **treinen** je
kunnen brengen. Plotseling was ik niet meer zo van
streek. Ik liep terug naar het station en zag de grote
rood-wit-blauwe locomotief die op me af kwam rijden.
Pas als ik de **conducteur** vanuit het raam naar me zie
zwaaien, realiseer ik me dat deze trein voor mij is. Ik
stap in de trein en zoek een zitplaats. Ik ga zitten voor
wat een lange reis belooft te worden.

Terwijl we het station uitrijden, vraag ik me af waar deze
trein me heen zal brengen. Door groene **velden** en over
blauwe rivieren, langs bergen en valleien, het is niet
te zeggen waar deze oude trein heen zal gaan. Als de
nacht begint te vallen, drijf ik weg in een **vredige** slaap,
gewiegd door de **ritmische** beweging van de wagons
op de sporen beneden. Als het weer ochtend wordt,
open ik mijn ogen en zie dat we in een klein stadje

dalyką - prie rotušės kabo didelis užrašas: "Sveiki atvykę į miestą!" Atrodo, kad šis mažas miestelis mūsų laukė, nors esame tik paprastas **keleivinis** traukinys, važiuojantis pro šalį pakeliui. Kai vėl paliekame miestelį už nugaros ir važiuojame nežinia kur, šypsodamasi stebiu visus draugiškus veidus, kurie mojavo atsisveikindami iš tų mažų namų, įsispraudusių tarp **žemės ūkio paskirties žemės**. Ir, žinoma, **vaikai**.

Pasilenkiu pro lokomotyvo langą. Jie visada mane džiugina savo spindinčiomis akimis ir plačia šypsena. Prieš grįždamas į savo **kabiną** ir atsisėsdamas energingai jiems pamojuojuoju atgal. Diena jau buvo ilga, bet ji dar nesibaigė; iki galutinio **kelionės tikslo liko** dar kelios valandos. Išsitraukiu knygą ir pradedu skaityti, leisdamas, kad ritmingas traukinio siūbavimas užliūliuotų mane į ramią būseną. Kartkartėmis žvilgteliu į lauke besidriekiančius peizažus - jie niekada nepabosta, nesvarbu, kiek kartų juos matau. Galiausiai pradeda temti ir tolumoje pasirodo **žybsinčios** šviesos; mes jau artėjame. Netrukus įvažiuojame į stotį ir sustojame.

ergens in niemandsland zijn aangekomen. De zon komt
net boven de horizon als de plaatselijke bevolking zich
in de hoofdstraat begint te mengen; het ziet er hier
uit als elke andere dag, behalve één ding - er hangt
een groot bord bij het stadhuis met de tekst "Welkom
aan boord!" Het lijkt erop dat dit stadje ons verwacht,
ook al zijn we maar een gewone passagierstrein op
doorreis naar elders. Terwijl we de stad weer achter
ons laten, op weg naar wie weet waar, glimlach ik om
al die vriendelijke gezichten die ons uitzwaaien vanuit
die kleine huisjes tussen **het boerenland -** het is echt
verbazingwekkend hoe iets dat zo gewoon lijkt, zoveel
vreugde kan brengen door er gewoon langs te rijden.
En dan, natuurlijk, zijn er de **kinderen**.

Ik leun uit het raam van mijn locomotief. Ze maken me
altijd zo blij met hun stralende ogen en grote grijnzen.
Ik zwaai energiek naar ze terug voordat ik terugga naar
mijn **cabine** en ga zitten. Het was al een lange dag,
maar hij is nog niet voorbij; het duurt nog een paar
uur voordat we onze **eindbestemming** bereiken. Ik
pak mijn boek en begin te lezen, terwijl het ritmische
schommelen van de trein me in een vredige toestand
brengt. Af en toe kijk ik op naar het landschap dat
buiten aan me voorbijtrekt - het verveelt nooit, hoe vaak
ik het ook zie. Uiteindelijk begint de nacht te vallen
en verschijnen er **twinkelende** lichtjes in de verte; we
komen nu in de buurt. Snel genoeg rijden we het station
binnen en komen tot stilstand.

Supratimo klausimai

1. Kur važiuoja traukinys?

2. Kas keliauja traukiniu?

3. Kada išvyksta traukinys?

4. Kaip veikėjas patenka į traukinį?

5. Iš kur atvyksta traukinys?

6. Kur toliau važiuoja traukinys?

7. Kada atvyko keleiviai?

8. Kaip jaučiasi veikėjas, kai pavėluoja į traukinį?

9. Kaip reaguoja traukinio mašinistas, pamatęs pagrindinį veikėją?

10. Kodėl veikėjas mėgsta traukinius?

Begrip vragen

1. Waar gaat de trein heen?

2. Wie reist er met de trein?

3. Wanneer vertrekt de trein?

4. Hoe komt de hoofdpersoon op de trein?

5. Waar komt de trein vandaan?

6. Waar gaat de trein nu heen?

7. Wanneer zijn de passagiers aangekomen?

8. Hoe voelt de hoofdpersoon zich als hij de trein mist?

9. Hoe reageert de treinmachinist als hij de hoofdpersoon ziet?

10. Waarom houdt de hoofdpersoon van treinen?

Vakarienės gaminimas

Dabar 17 val., einu iš darbo namo. **Laukiu** ramaus vakaro namuose su savo partneriu. Kartu gaminsime vakarienę, o paskui tiesiog atsipalaiduosime likusią nakties dalį. Gera žinoti, kad šį **vakarą** neturiu jokių planų ar įsipareigojimų. Grįžtu namo, o mano partneris jau virtuvėje ir pradeda ruošti vakarienę. Čia **nuostabiai** kvepia! Gamindami maistą kalbamės, pasakojame apie vienas kito dienas ir dalijamės mažomis istorijomis iš savo darbo gyvenimo. Virtuvė yra mano mėgstamiausias mūsų buto kambarys. Man patinka gaminti maistą, o ypač patinka gaminti su savo partneriu. Čia visada taip gerai leidžiame laiką, juokiamės ir juokaujame, kol gaminame maistą. Be to, kai dirbame **kartu,** maistas visada būna **neįtikėtinas**.

Šįvakar gaminsime vieną mėgstamiausių mano receptų: **vištieną** su parmezanu. Mano partneris pradeda kepti vištieną, o aš ant **viryklės** verdu padažą. Dirbame kartu kaip gerai sutepta mašina, ir netrukus vakarienė jau paruošta patiekti. Sėdime prie savo mažo virtuvės stalo, kurio **lėkštės** prikrautos parmezano vištienos, makaronų ir salotų. Skimbtelime taurėmis ir pirmą kartą užkandame - ir tai tiesiog **dieviška**! Vištiena iš

Diner koken

Het is nu 5 uur 's middags en ik loop van mijn werk naar huis. Ik kijk **uit** naar een rustige avond thuis met mijn partner. We zullen samen eten koken en dan de rest van de avond ontspannen. Het voelt goed om te weten dat ik deze **avond** geen plannen of verplichtingen heb. Ik kom thuis en mijn partner is al in de keuken om ons eten klaar te maken. Het ruikt hier geweldig! We kletsen terwijl we koken, praten bij over elkaars dagen en delen kleine verhalen uit ons werkleven. De keuken is mijn favoriete kamer in ons appartement. Ik hou van koken, en vooral van koken met mijn partner. We hebben het hier altijd zo gezellig, we lachen en maken grapjes terwijl we koken. En het eten is altijd **heerlijk** als we **samenwerken**.

Vanavond maken we een van m'n lievelingsrecepten: Parmezaanse kip. Mijn partner begint met het paneren van de kip, terwijl ik de saus op het **fornuis** laat pruttelen. We werken samen als een goed geoliede machine en al snel is het eten klaar om op te dienen. We gaan aan onze kleine keukentafel zitten met **borden** vol met Parmezaanse kip, pasta en salade. We klinken op de glazen en nemen onze eerste hap,

išorės traški, o viduje sultinga; padažas aromatingas
ir tobulas; makaronai išvirti al dente... viskas šį vakarą
visiškai tobula. Abu žinome, kad tai buvo vienas iš tų
vakarų, kai viskas puikiai susiklostė, nes **mėgaujamės**
kiekvienu gardžiu kąsniu. Skonis buvo dar geresnis
nei kvapas - o jis buvo velniškai geras! Valgį baigiame
gana greitai, nes nė vienas iš mūsų šiandien nebuvo
itin alkanas, bet neskubėdami mėgaujamės dar keliomis
taurėmis vyno, lengvai šnekučiuodamiesi tai viena, tai
kita tema. Po vakarienės kartu greitai nusiprausiame ir
persikeliame į kambarį, kur kurį laiką **glaudžiamės** ant
sofos žiūrėdami televizorių.

Po ilgos **darbo** dienos, praleistos atskirai, taip malonu
būti šalia vienas kito. Jaučiuosi patenkinta. Nors
vakaras nebuvo turiningas, buvo malonu tiesiog
pabūti kartu, neišeinant iš namų. Pažiūrėjome filmą ir
anksti nuėjome miegoti, jausdamiesi **patenkinti** savo
paprastu vakaru. Tai tapo vienu **mėgstamiausių** mūsų
užsiėmimų vakarais, kai nenorime niekur eiti - tiesiog
atsipalaiduoti namie ir mėgautis vienas kito draugija prie
namuose paruošto maisto. Visada malonu žinoti, kad po
ilgos dienos galime čia sugrįžti ir tiesiog pabūti savimi.

en het is **hemels**! De kip is knapperig van buiten maar sappig van binnen; de saus is smaakvol en perfect; de pasta is al dente gekookt... alles smaakt absoluut perfect vanavond. We weten allebei dat dit een van die avonden was waarop alles perfect samenkwam en we **genieten van** elke laatste hap van onze heerlijke maaltijd. Het smaakte nog beter dan het rook, en dat was verdomd goed! We eten relatief snel, omdat geen van ons beiden vandaag honger heeft, maar we nemen de tijd om nog een paar **glazen** wijn te drinken terwijl we luchtig kletsen over van alles en nog wat. Na het eten ruimen we snel samen op en gaan dan naar de woonkamer, waar we een poosje **knuffelen** op de bank terwijl we TV kijken.

Het voelt zo fijn om dicht bij elkaar te zijn na een lange dag apart **werken**. Ik voel me voldaan. Ook al hadden we geen avond vol belevenissen, het was fijn om gewoon wat tijd met elkaar door te brengen zonder het huis uit te hoeven. We keken een film en gingen vroeg naar bed, met een **voldaan** gevoel over onze eenvoudige avond. Dit is een van onze **favoriete** dingen geworden om te doen op avonden dat we niet uit willen gaan - gewoon thuis ontspannen en genieten van elkaars gezelschap tijdens een zelfgekookte maaltijd. Het is altijd fijn om te weten dat we hier na een lange dag kunnen terugkomen en gewoon onszelf kunnen zijn.

Supratimo klausimai

1. Iš kur kilęs pasakotojas?

2. Ką pasakotojas veikia po darbo?

3. Ką pasakotojas valgo vakarienei?

4. Kodėl pasakotojui patinka virtuvė?

5. Kokį patiekalą gamina pora?

6. Kaip pasakotojas jaučiasi vakaro pabaigoje?

7. Ką pora mėgsta veikti?

8. Ką pora daro, kai pavargsta?

9. Kur jie miega?

10. Kodėl pasakotojas mėgsta likti namuose?

Begrip vragen

1. Waar komt de verteller vandaan?

2. Wat doet de verteller na het werk?

3. Wat eet de verteller als avondeten?

4. Waarom houdt de verteller van de keuken?

5. Wat voor gerecht kookt het stel?

6. Hoe voelt de verteller zich aan het eind van de avond?

7. Wat is het favoriete ding van het koppel om te doen?

8. Wat doet het stel als ze moe worden?

9. Waar slapen ze?

10. Waarom blijft de verteller graag thuis?

Vaikščiojimas namo

Buvo **rami** naktis, kai ėjau namo iš darbo. Eidamas negalėjau nesišypsoti prisiminimams. Buvo gera grįžti į savo senąjį rajoną. Mojau keliems pažįstamiems žmonėms, o jie mojavo man atgal. Buvo gera būti namie. Ėjau pro savo senąją mokyklą ir **prisiminiau** visus gerus laikus, praleistus su draugais. Visada kartu eidavome namo ir kalbėdavomės apie savo dieną. **Kartais** sustodavome nusipirkti ledų arba nueidavome į parką. Tai buvo geriausi laikai. Pasiilgau tų laikų. Bet dabar turiu savo šeimą ir esu patenkintas savo gyvenimu. Džiaugiuosi, kad galiu atsigręžti į tuos prisiminimus ir šypsotis. Jie yra mano gyvenimo dalis, kurią visada branginsiu. Tai buvo geriausi laikai. Pasiilgstu tų laikų. Bet dabar turiu savo šeimą ir esu laimingas savo gyvenimu. Džiaugiuosi, kad galiu atsigręžti į tuos **prisiminimus** ir šypsotis. Jie yra mano gyvenimo dalis, kurią visada branginsiu.

Einu toliau, galvodamas apie gerus laikus, praleistus su draugais. Žinau, kad netrukus vėl juos pamatysiu. Einu namų link ir nusprendžiu pasivaikščioti po netoliese esantį parką. Saulė leidžiasi ir dangus nusidažo **gražia** oranžine spalva. Parkas tuščias, išskyrus kelis medžiuose čiulbančius paukščius. Giliai **įkvepiu** ir nusišypsau. Eidamas per parką matau, kaip dangumi

Walking Home

Het was een **rustige** avond toen ik van mijn werk naar huis liep. Terwijl ik liep, kon ik niet anders dan glimlachen bij de herinneringen. Het voelde goed om terug in mijn oude buurt te zijn. Ik zwaaide naar een paar mensen die ik kende, en zij zwaaiden terug. Het was goed om thuis te zijn. Ik liep langs mijn oude school en **herinnerde me** alle leuke tijden die ik had met mijn vrienden. We liepen altijd samen naar huis en praatten over onze dag. **Soms** stopten we om een ijsje te halen of gingen we naar het park. Dat waren de beste tijden. Ik mis die tijden. Maar nu heb ik mijn eigen familie en ik ben blij met mijn leven. Ik ben blij dat ik op die herinneringen kan terugkijken en glimlachen. Ze zijn een deel van mijn leven dat ik altijd zal koesteren. Dat waren de beste tijden. Ik mis die tijden. Maar nu heb ik mijn eigen familie en ben ik gelukkig met mijn leven. Ik ben blij dat ik kan terugkijken op die **herinneringen** en kan glimlachen. Ze zijn een deel van mijn leven dat ik altijd zal koesteren.

Ik blijf lopen, denkend aan de goede tijden die ik had met mijn vrienden. Ik weet dat ik ze snel weer zal zien. Ik ga richting mijn huis en besluit door een park in de buurt te lopen. De zon gaat onder en de lucht kleurt **prachtig** oranje. Het park is leeg, behalve een

nusidriekia krintanti žvaigždė. Palinkėjau tai žvaigždei ir ėjau toliau. Pagalvoju apie savo darbo dieną ir apie tai, kokia ji buvo **rami**. Šypsausi sau, galvodamas apie tai, kaip man pasisekė, kad turiu tokį puikų darbą. Einu namo, **jausdamas** ant odos vėsų nakties orą. Jaučiuosi tokia gyva ir laiminga, tiesiog mėgaujuosi paprastu ėjimu namo ramią naktį. Jaučiausi taip gerai, kad pradėjau **švilpauti**. Praėjau pro kelis žmones gatvėje, bet jie visi rūpinosi savo reikalais.

Pasukusi už kampo į savo gatvę, pamačiau kaimynės katiną poną Viskersą, sėdintį verandoje. Pasisveikinau su juo ir jis miauktelėjo atgal. **Atrakinau** duris ir įėjau į vidų. Buvau tokia laiminga, kad esu namie. Nusiaviau batus ir susiruošiau miegoti. Tą vakarą ėjau miegoti jausdamasis laimingas ir dėkingas, mano širdis buvo pilna meilės. Visą naktį miegojau ramiai, dėl nieko nesijaudindamas. Pabudau iš ramaus miego ir mane **pasitiko** pro langą šviečianti saulė. Pakilau iš lovos ir išsitiesiau, giliai įkvėpiau ir pajutau, kaip vėsus oras pripildo mano plaučius. Priėjau prie lango ir pažvelgiau į lauką, girdėdamas čiulbančius paukščius ir žaidžiančias **voveres.** Nusišypsojau ir nuėjau apsirengti, jausdamasis laimingas ir patenkintas.

paar vogels die in de bomen tjilpen. Ik haal diep **adem** en glimlach. Terwijl ik door het park loop, zie ik een vallende ster door de lucht scheren. Ik doe een wens op die ster, en loop verder. Ik denk aan mijn dag op het werk en hoe **vredig** het was. Ik glimlach in mezelf, denkend aan hoe gelukkig ik ben dat ik zo'n geweldige baan heb. Ik loop naar huis en **voel** de koele nachtlucht op mijn huid. Ik voel me zo levendig en gelukkig, gewoon genietend van de eenvoudige handeling van het naar huis lopen op een vredige avond. Ik voelde me zo goed, dat ik begon te **fluiten**. Ik liep langs een paar mensen op straat, maar ze bemoeiden zich allemaal met hun eigen zaken.

Ik draaide de hoek van mijn straat om en zag de kat van mijn buren, Mr. Whiskers, op mijn veranda zitten. Ik zei hem gedag en hij miauwde terug. Ik **deed** mijn deur **van het slot** en ging naar binnen. Ik was zo blij om thuis te zijn. Ik trok mijn schoenen uit en maakte me klaar om naar bed te gaan. Ik ging die avond naar bed met een blij en dankbaar gevoel, mijn hart vol liefde. Ik sliep de hele nacht rustig door, zonder me ergens zorgen over te maken. Ik werd wakker uit een rustgevende slaap en werd **begroet** door de zon die door mijn raam naar binnen scheen. Ik stapte uit bed en rekte me uit, haalde diep adem en voelde hoe de koele lucht mijn longen vulde. Ik liep naar mijn raam en keek naar buiten, hoorde de vogels kwetteren en de **eekhoorns** spelen. Ik glimlachte en kleedde me aan, blij en tevreden.

Supratimo klausimai

1. Ką veikė pagrindinis veikėjas, kai istorija prasidėjo?

2. Apie ką veikėjas galvojo eidamas namo?

3. Ką veikėjas veikdavo su draugais po pamokų?

4. Ko veikėjas pasigenda iš tų laikų?

5. Ką veikėjas galvoja apie savo dabartinį gyvenimą?

6. Ką daro pagrindinis veikėjas, pamatęs krintančią žvaigždę?

7. Kaip jaučiasi veikėjas, kai eina namo?

8. Ką veikėjas daro grįžęs namo?

9. Kaip jaučiasi veikėjas, kai pabunda kitą rytą?

10. Ką veikėjas veikia kitą dieną?

Begrip vragen

1. Wat was de hoofdpersoon aan het doen toen het verhaal begon?

2. Waar dacht de hoofdpersoon aan toen hij naar huis liep?

3. Wat deed de hoofdpersoon vroeger met vrienden na school?

4. Wat mist de hoofdpersoon van die tijd?

5. Wat vindt de hoofdpersoon van zijn huidige leven?

6. Wat doet de hoofdpersoon als hij een vallende ster ziet?

7. Hoe voelt de hoofdpersoon zich als ze naar huis lopen?

8. Wat doet de hoofdpersoon als ze thuiskomen?

9. Hoe voelt de hoofdpersoon zich als hij de volgende ochtend wakker wordt?

10. Wat doet de hoofdpersoon de volgende dag?

Pilis

Šeima visada norėjo aplankyti seną pilį **Vokietijoje**
ir galiausiai išsiruošė į kelionę. Jie **nenusivylė**. Pilis
buvo graži, jiems patiko tyrinėti daugybę jos kambarių
ir koridorių. Pirmiausia juos pribloškė kvapas. Jie aptiko
pelėsio, drėgmės ir dar kažko, ko negalėjo įvardyti.
Antrasis dalykas buvo garsas. Akmeninės sienos
storos, bet jos visiškai nenuslopina garso. Jie girdėjo
kiekvieną žingsnį, kiekvieną normaliu balsu ištartą žodį
ir retkarčiais **kažkur** tolumoje pasigirstantį vandens
lašėjimą. Kai akys prisitaikė prie neryškios šviesos,
pamatė aplink juos stūksančias masyvias akmenines
sienas, nuo kurių kabojo gobelenai **suplėšytais**
gabalais. Jie stovėjo didžiulėje salėje su aukštomis
lubomis, kurias palaikė raižytos kolonos. Jiems taip
pat patiko vaizdai iš bokštelių, o vaikai puikiai leido
laiką bėgiodami po teritoriją. Kai jie baigė tyrinėti pilį,
pradėjo leistis **saulė**, ir jie apgailestavo, kad nepasiėmė
žibintuvėlio. Jie nusprendė grįžti atgal prie įėjimo, bet
netrukus pasiklydo. Jiems atrodė, kad jie klaidžioja
ištisas valandas, kol galiausiai priėjo duris, vedančias
į lauką. Jie ėjo toliau, kol **pasiekė** koridoriaus galą
ir priėjo prie įspūdingų dvigubų durų. Kad ir kaip
stengėsi, durys nejudėjo. Jos **grėsmingai** trakštelėjo,
bet nepajudėjo nė per centimetrą. Atrodė, kad tas, kas
čia buvo anksčiau, turėjo pro jas praeiti ir užrakinti iš
vidaus. Galiausiai jie rado išeitį. Išėjus į vėsų nakties

Het kasteel

De familie had altijd al eens een oud kasteel in **Duitsland** willen bezoeken, en eindelijk hebben ze de reis gemaakt. Ze werden niet **teleurgesteld**. Het kasteel was prachtig, en ze genoten van het verkennen van de vele kamers en gangen. Het eerste wat hen trof was de geur. Ze vonden **schimmel**, vochtigheid, en iets anders waar ze hun vinger niet op konden leggen. Het tweede was het geluid. Stenen muren zijn dik, maar ze dempen het geluid niet volledig. Ze hoorden elke voetstap, elk woord dat met een normale stem werd gesproken, en af en toe een druppeltje water **ergens** in de verte. Toen hun ogen zich aanpasten aan het zwakke licht, zagen zij overal om hen heen massieve stenen muren opdoemen, waaraan wandtapijten in flarden hingen. Ze stonden in een enorme hal met een hoog plafond, ondersteund door gebeeldhouwde pilaren. Ze hielden ook van het uitzicht vanaf de torentjes, en de kinderen vermaakten zich met rondrennen over het terrein. De **zon** begon al onder te gaan tegen de tijd dat ze klaar waren met het verkennen van het kasteel, en ze betreurden het dat ze geen **zaklamp** hadden meegenomen. Ze besloten om terug te gaan naar de ingang, maar al snel waren ze verdwaald. Ze dwaalden urenlang rond, tot ze eindelijk een deur tegenkwamen die naar buiten leidde. Ze liepen door tot ze **aan het** eind van de gang

orą juos apėmė palengvėjimas.

Saulė pradėjo leistis, ir jie **apgailestavo, kad**
nepasiėmė žibintuvėlio. Jie nusprendė grįžti atgal prie
įėjimo, bet netrukus pasimetė. Jiems atrodė, kad jie
klaidžioja ištisas valandas, kol galiausiai priėjo duris,
vedančias į **lauką**. Kai jie išėjo į vėsų nakties orą, juos
apėmė palengvėjimas. Kitą vakarą jie būtinai pasiėmė
žibintuvėlį, kad ištyrinėtų likusią pilies dalį. Jie ėjo per
kiemą ir nusileido prie upės, tekančios už **pilies** sienų.
Vaikščiodami jie ėmė girdėti keistus garsus. Atrodė, kad
kažkas juos seka. Jie paspartino žingsnį, bet garsai
darėsi vis stipresni ir artimesni. Šeima kuo greičiau
nubėgo atgal į pilį ir su palengvėjimu pastebėjo, kad
tamsiu apsiaustu vilkinti figūra jų nesekė.

kwamen bij een imposant stel dubbele deuren. Hoe
ze ook probeerden, de deuren wilden niet bewegen.
Ze rammelden **onheilspellend**, maar bewogen geen
centimeter. Het leek erop dat degene die hier eerder
was, hier doorheen was gegaan en ze van binnenuit
had afgesloten. Uiteindelijk vinden ze een uitweg.
Opluchting overspoelde hen toen ze naar buiten stapten
in de koele nachtlucht.

De zon begon onder te gaan en zij **betreurden het** dat
zij geen zaklamp hadden meegenomen. Ze besloten
terug te gaan naar de ingang, maar al gauw waren ze
verdwaald. Ze dwaalden urenlang rond, tot ze eindelijk
een deur tegenkwamen die **naar buiten** leidde.
Opluchting overviel hen toen ze naar buiten stapten in
de koele nachtlucht. De volgende avond namen ze een
zaklamp mee om de rest van het kasteel te verkennen.
Ze liepen over de **binnenplaats** en naar de rivier die
achter de kasteelmuren stroomde. Terwijl ze rondliepen,
begonnen ze vreemde geluiden te horen. Het klonk
alsof iemand hen volgde. Ze versnelden hun pas, maar
de geluiden werden luider en dichterbij. De familie
rende zo snel als ze konden terug naar het kasteel, en
ze waren opgelucht toen ze zagen dat de figuur in de
donkere mantel hen niet was gevolgd.

Supratimo klausimai

1. Ką darė šeima, kai pasiklydo pilyje?

2. Kaip jautėsi šeima, kai sužinojo, kad tai tik vietinis žmogus?

3. Ką vyras padarė, kad buvo suimtas?

4. Kokia bausmė buvo skirta tam vyrui?

5. Kokį triukšmą šeima girdėjo eidama?

6. Kur buvo figūra tamsiu apsiaustu, kai šeima ją pamatė?

7. Ką šeima darė grįžusi į savo kambarį?

8. Kada šeima vėl išvyko apžiūrėti pilies?

9. Kokio dalyko šeima negalėjo suprasti?

10. Ką šeima veikė prieš vėl eidama tyrinėti pilies?

Begrip vragen

1. Wat deed de familie toen ze verdwaald waren in het kasteel?

2. Hoe voelde de familie zich toen ze erachter kwamen dat het gewoon een lokale man was?

3. Wat heeft de man gedaan waardoor hij gearresteerd is?

4. Wat was de straf voor de man?

5. Welk geluid hoorde de familie tijdens de wandeling?

6. Waar was de figuur in de donkere mantel toen de familie hem zag?

7. Wat deed de familie toen ze terugkwamen in hun kamer?

8. Wanneer ging de familie het kasteel weer verkennen?

9. Wat was het ding waar de familie hun vinger niet op konden leggen?

10. Wat deed de familie voordat ze weer op verkenning gingen in het kasteel?

Mano sodas

Mano sodas yra mano laimės vieta. Kiekvieną dieną, lyjant ar šviečiant lietui, einu į jį ir leidžiu laiką prižiūrėdama savo augalus. Turiu **visko po** truputį - **daržovių,** vaisių, gėlių, žolelių. Turiu net kelias vištas, kurios padeda saugotis kenkėjų. Dienas sode pradedu nuo vištų kiaušinių. Tada patikrinu savo daržoves, įsitikinu, kad jos gauna pakankamai vandens ir saulės. Išraviu lysves ir išnaikinu visus augalus **puolančius** vabalus. Kai **viskas sutvarkyta,** atsisėdu ir mėgaujuosi gamtos ramybe.

Visada mėgau leisti laiką sode. Yra kažkas tokio, kai mane supa gamta ir visas jos teikiamas **grožis.** Manau, kad tai labai rami ir guodžianti vieta. Dažnai sode praleidžiu laiką tiesiog ilsėdamasi ir mėgaudamasi kraštovaizdžiu. Man taip pat patinka dirbti sode ir auginti augalus. Turiu gana nemažą sodą ir mėgstu jame auginti **įvairius** daiktus. Auginu gėles, **daržoves** ir žoleles. Taip pat turiu keletą vaismedžių, kurie augina skanius obuolius, kriaušes ir slyvas. Be to, kad auginu augalus, man taip pat patinka leisti laiką vaikštinėjant po sodą ir **grožintis** įvairiais augalais ir gyvūnais, kurie čia gyvena. Per daugelį metų praleidau daugybę valandų, kad mano **sodas būtų** ne tik gražus, bet ir funkcionalus. Mėgstu stebėti, kaip aplink skraido

Mijn tuin

Mijn tuin is mijn geluksplek. Ik ga er elke dag heen, regen of zonneschijn, en besteed tijd aan het verzorgen van mijn planten. Ik heb een beetje van **alles:** **groenten**, fruit, bloemen, kruiden. Ik heb zelfs een paar kippen die helpen het ongedierte op afstand te houden. Ik begin mijn dagen in de tuin met het rapen van eieren bij de kippen. Dan controleer ik mijn groenten en zorg ervoor dat ze genoeg water en zon krijgen. Ik wied de bedden en verwijder insecten die de planten kunnen **aanvallen**. Als **alles** is gedaan, leun ik achterover en geniet van de rust en stilte van de natuur.

Ik heb altijd graag tijd doorgebracht in mijn tuin. Er is iets met het omringd zijn door de natuur en al het **moois** dat zij te bieden heeft. Ik vind het een heel vredige en kalmerende plek. Ik breng vaak tijd door in mijn tuin, gewoon om te ontspannen en te genieten van het landschap. Ik geniet er ook van om in mijn tuin te werken en dingen te kweken. Ik heb een behoorlijk grote tuin, en ik kweek er graag **verschillende** dingen in. Ik kweek bloemen, **groenten** en kruiden. Ik heb ook een paar fruitbomen die heerlijke appels, peren en pruimen voortbrengen. Naast het kweken van dingen, vind ik het ook leuk om gewoon in mijn tuin rond te lopen en de verschillende planten en dieren te

paukščiai, ir klausytis jų giesmių. Kartais net atsinešu knygą ir skaitau sode, apsupta viso mano sukurto grožio. **Sodininkystė** yra mano aistra ir teikia man daug džiaugsmo. Kiekviena diena mano sode yra gera diena.

Vienas iš dalykų, kuriuos mėgstu daryti, yra gaminti maistą, todėl man labai **svarbu** turėti gerai prižiūrimą prieskoninių žolelių sodą. Čiobreliai, bazilikai, raudonėliai, rozmarinai, šalavijai ir levandos - tai tik keletas žolelių, kurias mėgstu auginti savo sode, kad galėčiau jas naudoti gamindama maistą sau ar **svečiams**. Dar vienas man svarbus dalykas, kai kalbame apie mano sodą, yra užtikrinti, kad jame būtų daug spalvų. Šiam tikslui pasiekti auginu įvairias gėles, įskaitant **rožes**, lelijas, margučius, tulpes, impatiens, medetkas ir kt. Gėlėmis ne tik suteikiu spalvų, bet ir mėgstu sodui suteikti įdomumo naudodama įvairias **tekstūras.** Pavyzdžiui, po aukštomis saulėgrąžomis galiu pasodinti paparčių, o **šalia** dygliuotų dekoratyvinių žolių - hostų. Nesvarbu, kas vyksta gyvenime, darbas sode visada padeda man jaustis labiau susijusiam su gamta ir susitaikyti su savimi.

bewonderen die er wonen. Ik heb in de loop der jaren vele uren besteed om van mijn **tuin** een plek te maken die niet alleen mooi is, maar ook functioneel. Ik kijk graag naar de vogels die rondfladderen en luister naar hun gezang. Soms haal ik zelfs een boek tevoorschijn en lees in de tuin terwijl ik omringd ben door al het moois dat ik heb gecreëerd. **Tuinieren** is mijn passie en het brengt me zoveel vreugde. Elke dag in mijn tuin is een goede dag.

Een van de dingen die ik graag doe is koken, dus een goed gevulde kruidentuin is erg **belangrijk** voor me. Tijm, basilicum, oregano, rozemarijn, salie en lavendel zijn slechts enkele van de kruiden die ik graag in mijn tuin kweek, zodat ik ze kan gebruiken bij het bereiden van maaltijden voor mezelf of voor **gasten**. Wat ik ook belangrijk vind in mijn tuin is dat er veel kleur in zit. Om dit doel te bereiken, kweek ik een grote verscheidenheid aan bloemen, waaronder **rozen**, lelies, madeliefjes, tulpen, impatiens, goudsbloemen, enz. Naast het toevoegen van kleur met bloemen, vind ik het ook leuk om verschillende **texturen te** gebruiken in de tuin. Zo plant ik bijvoorbeeld varens onder torenhoge zonnebloemen of hosta's **naast** stekelige siergrassen. Wat er verder ook aan de hand is in mijn leven, door in mijn tuin **te** werken voel ik me altijd meer verbonden met de natuur en in vrede met mezelf.

Supratimo klausimai

1. Kur yra autoriaus sodas?

2. Kiek viščiukų turi autorius?

3. Ką autorius kasdien veikia sode?

4. Kodėl autoriui patinka sodas?

5. Kokias žoleles autorius sodina sode?

6. Kodėl autoriui svarbu, kad jo sode būtų daug spalvų?

7. Kaip autorius pajvairina savo sodą?

8. Kaip autorius jaučiasi dirbdamas savo sode?

9. Kas leidžia autoriui jaustis susijusiam, kai jis yra savo sode?

10. kodėl kiekviena diena autoriaus sode yra gera diena?

Begrip vragen

1. Waar is de tuin van de auteur?

2. Hoeveel kippen heeft de schrijver?

3. Wat doet de schrijver elke dag in de tuin?

4. Waarom houdt de auteur van de tuin?

5. Welke kruiden plant de auteur in de tuin?

6. Waarom is het belangrijk voor de auteur dat er veel kleuren in zijn tuin zijn?

7. Hoe brengt de auteur afwisseling in zijn tuin?

8. Hoe voelt de schrijver zich als hij in zijn tuin werkt?

9. Waardoor voelt de auteur zich verbonden als hij in zijn tuin is?

10. Waarom is elke dag in de tuin van de auteur een goede dag?

Apsipirkinėjimas

Man patinka **apsipirkinėti** prekybos centre. Visada labai smagu vaikščioti ir apžiūrinėti įvairias parduotuves. Prekybos centre kiekvienas ras ką nors sau, be to, čia visada galima rasti puikių drabužių, batų ir aksesuarų pasiūlymų. **Paprastai** apsipirkimą pradedu eidama pro pagrindinį prekybos centro **įėjimą.** Iš ten pirmiausia einu į savo mėgstamiausias parduotuves. Apžiūrėjęs šias parduotuves, vaikštau aplinkui ir žiūriu, ar kitose vietose nevyksta išpardavimai. Paprastai prekybos centre praleidžiu porą valandų, kol galiausiai apsiperku. Apsipirkinėdamas visada mėgstu neskubėti, **nes** noriu būti tikras, kad įsigysiu **būtent** tai, ko noriu. Be to, taip tiesiog smagiau!

Man visada labai **įdomu** stebėti žmones prekybos centre. Iš to, kaip žmogus apsipirkinėja, galima daug ką pasakyti apie žmogų. Vieni žmonės yra labai metodiški ir neskuba, o kiti, atrodo, tiesiog griebia **viską, ką** gali, ir kuo greičiau eina prie kasos. Yra ir tokių pirkėjų, kuriems labiau rūpi kalbėti mobiliuoju telefonu ar rašyti žinutes, nei žiūrėti į prekes! Tačiau nesvarbu, koks pirkėjas esate, atrodo, kad visiems patinka vaikščioti po vitrinas, net jei iš tikrųjų nieko nenusiperkate. Tiesiog kažkas mane džiugina žiūrint į visus gražius daiktus parduotuvių **vitrinose.** Kartais fantazuoju,

Gaan winkelen

Ik hou ervan om te gaan **winkelen** in het winkelcentrum. Het is altijd zo leuk om rond te lopen en naar alle verschillende winkels te kijken. Er is voor elk wat wils in het winkelcentrum, en het is altijd een geweldige plek om deals te vinden voor kleren, schoenen en accessoires. Ik begin mijn shoppingtrip meestal met een wandeling door de **hoofdingang** van het winkelcentrum. Van daaruit ga ik eerst naar mijn favoriete winkels. Na het bekijken van die winkels, loop ik rond en kijk of er een verkoop gaande is op andere plaatsen. Meestal ben ik wel een paar uur in het winkelcentrum voordat ik eindelijk mijn aankopen doe. Ik neem altijd graag mijn tijd als ik ga winkelen, **want** ik wil zeker weten dat ik **precies** krijg wat ik wil. Plus, het is gewoon leuker op die manier!

Ik vind het altijd zo **fascinerend** om mensen te kijken als ik in het winkelcentrum ben. Je kunt echt veel over een persoon vertellen door de manier waarop ze winkelen. Sommige mensen zijn heel methodisch en nemen hun tijd, terwijl anderen gewoon lijken te grijpen **wat** ze kunnen en zo snel mogelijk naar de kassa gaan. Er zijn ook shoppers die meer geïnteresseerd lijken te zijn in het praten op hun mobieltje of in sms'en dan in het bekijken van de koopwaar! Het maakt echter

kaip būtų, jei galėčiau sau leisti **viską, ką** matau!
Apskritai, apsipirkinėjimas prekybos centre yra vienas
iš mano mėgstamiausių užsiėmimų. Tai puikus būdas
atsipalaiduoti ir pailsėti, o kartu ir šiek tiek pasportuoti
(jei pakankamai vaikštote). Be to, **visada** malonu
retkarčiais pasilepinti naujais marškinėliais ar batų pora!

Turėjau **ilgą** darbo dieną ir pagaliau turėjau laisvo
laiko, todėl nusprendžiau apsipirkti prekybos centre.
Man reikėjo naujų drabužių **artėjančiam** sezonui.
Vos įžengusi į vidų pamačiau visas ryškias šviesas
ir blizgančias parduotuvių vitrinas. Pirmiausia
nuėjau į savo mėgstamiausią parduotuvę ir pradėjau
naršyti po lentynas. Radau keletą mielų palaidinių ir
pasimatavau jas persirengimo kambaryje. Žiūrėdama
į save veidrodyje išgirdau, kaip kažkas įėjo į gretimą
persirengimo kabiną. Atpažinau jo balsą kaip vieno
iš savo bendradarbių. Pasisveikinome ir pradėjome
kalbėtis apie darbą. Po kelių minučių abu baigėme ir
išėjome **savais** keliais, bet vėliau vėl susidūrėme. Toliau
kalbėjomės ir supratome, kad turime daugiau bendro,
nei manėme.

niet uit wat voor soort shopper je bent, iedereen lijkt te genieten van window shopping - zelfs als je niet echt iets koopt. Er is gewoon iets aan het kijken naar al die mooie dingen in de **etalages** dat me gelukkig maakt. Soms fantaseer ik over hoe het zou zijn als ik me **alles** kon veroorloven wat ik zie! Al met al is een dagje winkelen in het winkelcentrum een van mijn favoriete bezigheden. Het is een geweldige manier om te ontspannen en tot rust te komen, terwijl je ook een beetje beweging krijgt (als je maar genoeg rondloopt). Bovendien is het **altijd** leuk om jezelf af en toe te trakteren op een nieuw shirt of een paar schoenen!

Ik had een **lange** dag op het werk en had eindelijk wat tijd voor mezelf, dus besloot ik te gaan winkelen in het winkelcentrum. Ik had wat nieuwe kleren nodig voor het **komende** seizoen. Zodra ik binnenkwam, zag ik al die felle lichten en glimmende etalages. Ik ging eerst naar mijn favoriete winkel en begon door de rekken te snuffelen. Ik vond een paar leuke topjes en paste ze in de kleedkamer. Terwijl ik mezelf in de spiegel bekeek, hoorde ik iemand de kleedkamer naast de mijne binnenkomen. Ik herkende zijn stem als een van mijn collega's. We zeiden hallo en begonnen te kletsen over het werk. Na een paar minuten waren we allebei klaar en gingen we onze **eigen** weg, maar later kwamen we elkaar weer tegen. We praatten verder en beseften dat we meer gemeen hadden dan we dachten.

Supratimo klausimai

1. Kur labiausiai mėgstate saugoti?

2. Kokia yra jūsų mėgstamiausia parduotuvė prekybos centre?

3. Kiek laiko paprastai būnate prekybos centre?

4. Ką manote apie žmones, kurie daug laiko praleidžia prekybos centruose?

5. Ką labiausiai mėgstate veikti prekybos centre?

6. Ar kada nors pirkote ką nors prekybos centre, nors jums to tikrai nereikėjo?

7. Kaip reaguojate, kai prekybos centre pamatote daiktą, kuris jums labai patiktų, bet yra per brangus?

8. Ar kada nors matėte ką nors prekybos centre ir galvojote, kas tai nupirks?

9. Kokia jūsų nuomonė apie žmones, kurie, užuot apžiūrinėję parduotuves, prekybos centre užsiėmę mobiliaisiais telefonais?

Begrip vragen

1. Waar sla je het liefst op?

2. Wat is je favoriete winkel in het winkelcentrum?

3. Hoe lang blijft u meestal in het winkelcentrum?

4. Wat vind je van mensen die veel tijd in het winkelcentrum doorbrengen?

5. Wat is uw favoriete bezigheid in het winkelcentrum?

6. Heb je ooit iets gekocht in het winkelcentrum terwijl je het niet echt nodig had?

7. Hoe reageert u als u in het winkelcentrum iets ziet dat u heel graag zou willen hebben, maar dat te duur is?

8. Heb je ooit iets in het winkelcentrum gezien en je afgevraagd wie het zou kopen?

9. Wat vindt u van mensen die in het winkelcentrum met hun mobieltje bezig zijn in plaats van naar de winkels te kijken?

Turguje

Šeštadienio rytą atsikeliu anksti, norėdamas nuvykti į **turgų,** kol jame dar nėra per daug žmonių. Apsirengiu ir išeinu pro duris, pakeliui pasiimdama daugkartinio naudojimo maišelius. Eidama pradedu planuoti, ką noriu pagaminti ateinančiai savaitei. Žinau, kad bent kartą noriu **kepti** daržoves, todėl reikės nusipirkti geros kokybės daržovių. Taip pat noriu pasigaminti sriubą arba troškinį, todėl reikės nusipirkti mėsos. Turėsiu pažiūrėti, kas atrodo gerai, kai ten nuvyksiu. Turgus yra tik už kelių kvartalų, ir aš jau matau pastatytus prekystalius ir besibūriuojančius **žmones.**

Atvykstu į turgų ir einu tiesiai prie daržovių stendo. Pasirinkimas gražus, ir aš pripildau savo krepšius įvairiausių **šviežių** produktų. Šiek tiek pabendrauju su ūkininku, ir jis man rekomenduoja keletą receptų. Nekantrauju juos išbandyti. Apsipirkdama šnekuosi su **ūkininkais, susipažįstu** su jais ir jų produktais. Įsigijusi visas man reikalingas daržoves, pereinu į mėsos skyrių. Čia šiek tiek dvejoju, nes nesu tikra, ką noriu įsigyti. Galiausiai nusprendžiu pasirinkti vištieną, nes ji yra universali ir gali būti naudojama įvairiuose patiekaluose. Taip pat perku kelis skirtingus mėsos gabalus, stengiuosi įsigyti žole šeriamos jautienos ir laisvai auginamos **vištienos.** Mėsininkas buvo draugiškas

Op de markt

Ik sta op zaterdagochtend vroeg op, popelend om naar de **markt te gaan** voordat het te druk wordt. Ik trek wat kleren aan en ga de deur uit, terwijl ik onderweg mijn herbruikbare tassen pak. Terwijl ik loop, begin ik te plannen wat ik de komende week wil maken. Ik weet dat ik minstens één keer groenten wil **roosteren**, dus ik moet wat groenten van goede kwaliteit kopen. Ik wil ook een soep of stoofpot maken, dus ik moet ook wat vlees kopen. Ik zal moeten kijken wat er goed uitziet als ik daar ben. De markt is maar een paar straten verderop, en ik zie de kraampjes al staan en de **mensen al rondlopen**.

Ik kom aan op de markt en ga meteen naar de groentekraam. Het aanbod is prachtig en ik vul mijn tassen met een verscheidenheid aan **verse** producten. Ik maak een praatje met de boer en hij raadt me een paar recepten aan. Ik ben enthousiast om ze uit te proberen. Ik maak een praatje met de **boeren** terwijl ik aan het winkelen ben en leer hen en hun producten kennen. Als ik alle groenten heb die ik nodig heb, ga ik naar de vleesafdeling. Ik aarzel een beetje, omdat ik niet zeker weet wat ik wil hebben. Uiteindelijk kies ik voor kip, omdat dat veelzijdig is en in allerlei gerechten kan worden gebruikt. Ik koop

žmogus, visada linksmas, nors dirbo ilgai. Jis suvyniojo mano vištienos krūtinėlę ir kepsnį, o paskui papasakojo apie savo savaitgalio planus. Atsisveikinau su juo ir tęsiau kelionę. Taip pat paėmiau kiaušinių ir sūrio iš pieno produktų skyriaus.

Turguje šurmuliavo žmonės, visi norintys įsigyti šviežių produktų ir mėsos. Ore tvyrojo tirštas česnakų ir svogūnų kvapas, skambėjo juokas ir pokalbiai. Prasiskyniau kelią pro minią, rinkdamasis kitas prekes, kurių man reikėjo savaitiniam apsipirkimui. Prieš eidama prie kasos pripildžiau **krepšelį** vaisių ir daržovių, makaronų ir duonos. Eilė buvo ilga, bet greitai judėjo. Galiausiai buvo nupirkti paskutiniai **maisto produktai ir atėjo** laikas eiti namo. Automobilis buvo pakrautas, o kelionė namo buvo ilga ir varginanti. Eismas buvo intensyvus, o karštis vargino. Galiausiai automobilis įvažiavo į privažiavimą, ir palengvėjimas buvo juntamas. Namuose buvo vėsu ir ramu, tai buvo prieglobstis po turgaus **šurmulio.** Viskas buvo sudėliota, ir netrukus namuose vėl įsivyravo įprasta ramybė ir tyla. Turėjau visko, ko reikėjo, kad galėčiau pasigaminti **skanių** patiekalų sau ir savo šeimai. Buvo gera būti namuose.

ook een paar verschillende stukken vlees, en zorg ervoor dat ik grasgevoerd rundvlees en **scharrelkip koop**. De slager was een vriendelijke man, altijd vrolijk ondanks de lange uren die hij werkte. Hij pakte mijn kippenborst en biefstuk in voordat hij met me praatte over zijn weekendplannen. Ik nam afscheid van hem en vervolgde mijn weg. Ik heb ook nog wat eieren en kaas meegenomen uit de zuivelafdeling.

Het krioelde van de mensen op de markt, die allemaal stonden te popelen om de verse producten en het vlees dat werd aangeboden in **handen te** krijgen. De lucht hing vol met de geur van knoflook en uien, en het geluid van gelach en gesprekken vulde de lucht. Ik baande me een weg door de menigte en zocht de andere dingen uit die ik nodig had voor mijn wekelijkse boodschappen. Ik vulde mijn **mandje** met fruit en groenten, pasta en brood, voordat ik naar de kassa ging. De rij was lang, maar het ging snel. Eindelijk waren de laatste **boodschappen** gedaan, en was het tijd om naar huis te gaan. De auto werd volgeladen, en de rit naar huis was lang en moeizaam. Het verkeer was druk en de hitte was drukkend. Eindelijk reed de auto de oprit op en de opluchting was voelbaar. Het huis was koel en stil, en het was een oase na de drukte van de markt. Alles werd opgeborgen, en het huis was al snel weer in zijn gebruikelijke rust en stilte. Ik had alles wat ik nodig had om **heerlijke** maaltijden te maken voor mezelf en voor mijn gezin. Het was goed om thuis te zijn.

Supratimo klausimai

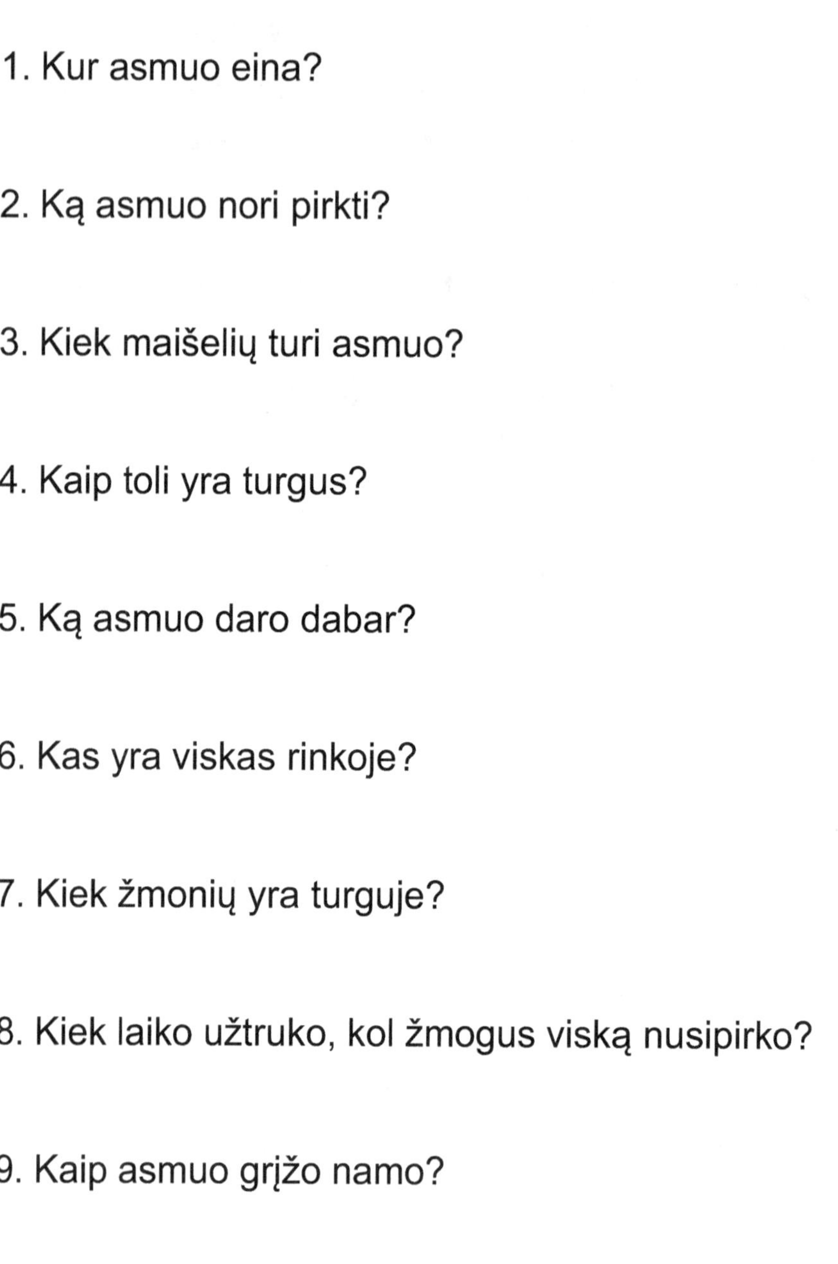

1. Kur asmuo eina?

2. Ką asmuo nori pirkti?

3. Kiek maišelių turi asmuo?

4. Kaip toli yra turgus?

5. Ką asmuo daro dabar?

6. Kas yra viskas rinkoje?

7. Kiek žmonių yra turguje?

8. Kiek laiko užtruko, kol žmogus viską nusipirko?

9. Kaip asmuo grįžo namo?

10. Ką žmogus darė grįžęs namo?

Begrip vragen

1. Waar gaat de persoon heen?

2. Wat wil de persoon kopen?

3. Hoeveel tassen heeft de persoon?

4. Hoe ver weg is de markt?

5. Wat doet de persoon op dit moment?

6. Wat is alles op de markt?

7. Hoeveel mensen zijn er op de markt?

8. Hoe lang heeft de persoon erover gedaan om alles te kopen?

9. Hoe is de persoon naar huis gegaan?

10. Wat deed de persoon toen hij of zij thuiskwam?

Kavinėje

Buvo vėsus **rudens** rytas, ir aš buvau susitarusi susitikti su savo drauge Lily mūsų mėgstamoje kavinėje išgerti kavos. Šiltai apsivilkau paltą ir šaliką ir išsiruošiau į kelionę. Nuo medžių krito lapai, oras buvo žvarbokas, bet švietė saulė ir žadėjo gražią dieną. Eidama **galvojau apie tai, kaip** gera turėti tokią draugę kaip Lilė. Draugavome daug metų, nuo tada, kai susipažinome **universitete**. Mus siejo meilė kavai ir laiko leidimas šnekantis kavinėse. Nors dabar gyvenome skirtingose miesto dalyse, vis tiek kartą per savaitę susitikdavome išgerti kavos. Atvykau į kavinę, o Lilė jau ten laukė manęs. Pasisveikinusios apkabinome viena kitą ir užsisakėme kavos. Susiradome staliuką prie lango ir įsitaisėme kalbėtis. **Kava** buvo skani, kaip visada, ir buvo labai malonu pabendrauti su Lily. Kalbėjomės apie savo savaitę, darbą ir ateities planus. Su Lily visada buvo taip lengva kalbėtis, jaučiausi taip, lyg galėčiau jai pasakyti bet ką. Po kurio laiko pradėjome alkti ir **nusprendėme** užsisakyti maisto.

Užsisakėme maisto ir įsitaisėme prie lango. Pro langą švietė saulė, todėl viskas buvo šilta ir džiugu. Valgydami maistą kalbėjomės ir mėgavomės paprastu malonumu būti vienas kito **draugijoje**. Kavinėje buvo daug žmonių, bet ji nesijautė perpildyta. Ore tvyrojo

In een café

Het was een kille **herfstochtend** en ik had met mijn vriendin Lily afgesproken in ons favoriete café voor een kopje koffie. Ik wikkelde me warm in mijn jas en sjaal en ging op weg. De bladeren vielen van de bomen en de lucht was een beetje fris, maar de zon scheen en het beloofde een mooie dag te worden. Terwijl ik liep, **dacht** ik aan hoe goed het was om een vriendin als Lily te hebben. We waren al jaren vriendinnen, sinds we elkaar op de **universiteit** ontmoetten. We kregen een band door onze voorliefde voor koffie en het kletsen in cafés. Ook al woonden we nu in verschillende delen van de stad, we kwamen nog steeds één keer per week samen om koffie te drinken. Ik kwam aan bij het café, en Lily zat daar al op me te wachten. We omhelsden elkaar en bestelden onze koffie. We vonden een tafeltje bij het raam en gingen zitten kletsen. De **koffie** was heerlijk, zoals altijd, en het was zo leuk om bij te praten met Lily. We spraken over onze week, onze banen, en onze plannen voor de toekomst. Het was altijd zo makkelijk om met Lily te praten, en ik had het gevoel dat ik haar alles kon vertellen. Na een tijdje begonnen we honger te krijgen en **besloten we** wat eten te bestellen.

We **bestelden** ons eten en zochten een plaatsje bij het raam. De zon scheen door het raam naar binnen,

ramybės ir pasitenkinimo jausmas. Kai baigėme
valgyti, dar kurį laiką pasėdėjome ir tiesiog mėgavomės
ramia **atmosfera**. Kurį laiką kalbėjomės apie įvairius
dalykus, kurie vyko mūsų gyvenime. Buvo labai malonu
pabendrauti su draugu ir tiesiog **atsipalaiduoti**.
Pro langą švietė saulė, ir atrodė, kad **niekas negali**
sugadinti mūsų tobulos dienos.

Staiga išgirdau garsų trenksmą. Atsisukęs pamačiau,
kad pro lubas iškrito vyras ir guli ant grindų priešais
mus. Jis buvo **apsiklojęs** dulkėmis ir nuolaužomis ir
atrodė be sąmonės. Abu su draugu buvome šokiruoti,
žiūrėdami į ant grindų gulintį vyrą. Nežinojome, ką
daryti ir kam skambinti pagalbos. Tiesiog sėdėjome ir
žiūrėjome į jį, nežinodami, ką daryti. Po kelių minučių
atsitokėjau ir paskambinau į policiją. Operatorė
pasakė, kad netrukus kas nors atvyks. Padėjau ragelį
ir papasakojau draugui, ką pasakė **operatorius.** Abu
sėdėjome ir laukėme, kol atvyks pagalba. Atrodė,
kad tai truko visą amžinybę, bet galiausiai **pasirodė**
greitosios pagalbos automobilis. Greitosios pagalbos
medikai įbėgo į vidų ir pradėjo dirbti su vyru.

waardoor alles warm en gelukkig aanvoelde. We babbelden terwijl we ons eten aten, en genoten van het simpele plezier om in elkaars **gezelschap** te zijn. Het was druk in het café, maar het voelde niet druk aan. Er hing een gevoel van vrede en tevredenheid in de lucht. Toen we ons eten op hadden, bleven we nog een tijdje zitten, genietend van de vredige **sfeer**. We praatten een tijdje over verschillende dingen die in ons leven waren gebeurd. Het was zo fijn om bij te praten met mijn vriend en gewoon **te ontspannen**. De zon scheen door het raam, en het voelde alsof **niets** onze perfecte dag kon verpesten.

Plotseling hoorde ik een harde klap. Ik draaide me om en zag dat een man door het plafond was gevallen en voor ons op de grond lag. Hij was **bedekt** met stof en puin en leek bewusteloos te zijn. Mijn vriend en ik waren allebei in shock toen we naar de man staarden die op de grond lag. We wisten niet wat we moesten doen of wie we moesten bellen voor hulp. We zaten daar gewoon naar hem te staren, niet wetend wat te doen. Na een paar minuten kwam ik bij en belde 911. De telefoniste zei me dat er zo iemand zou komen. Ik hing de telefoon op en vertelde mijn vriend wat de **telefoniste** had gezegd. We zaten daar allebei te wachten tot er hulp kwam. Het leek wel een eeuwigheid, maar uiteindelijk **kwam** er een ambulance. De ambulancebroeders snelden naar binnen en begonnen met de man te werken.

Supratimo klausimai

1. Iš kur atsiranda žmogus, kuris iškrenta pro stogą?

2. Kodėl moteris su draugu yra kavinėje?

3. Kokia yra mėgstamiausia dviejų draugų kavinė?

4. Kiek laiko abu draugai pažįsta vienas kitą?

5. Koks yra mėgstamiausias dviejų draugų gėrimas?

6. Kokiame mieste gyvena du draugai?

7. Kaip dažnai susitinka du draugai?

8. Apie ką kalbasi du draugai, pirmą kartą susitikę savo mėgstamoje kavinėje?

9. Koks yra mėgstamiausias šių dviejų draugų maistas?

10. Kodėl taip lengva kalbėtis su Lily?

Begrip vragen

1. Waar komt de man vandaan die door het dak valt?

2. Waarom is de vrouw met haar vriendin in het café?

3. Wat is het favoriete café van de twee vrienden?

4. Hoe lang kennen de twee vrienden elkaar al?

5. Wat is het favoriete drankje van de twee vrienden?

6. In welke stad wonen de twee vrienden?

7. Hoe vaak ontmoeten de twee vrienden elkaar?

8. Waar hebben de twee vrienden het over als ze elkaar voor het eerst ontmoeten in hun favoriete café?

9. Wat is het lievelingseten van de twee vrienden?

10. Waarom is het zo makkelijk om met Lily te praten?

Plaukimas

Baseinas visada buvo **gaivi** vieta, ir šiandien buvo
ne kitaip. Švietė saulė, o vanduo atrodė viliojantis.
Giliai įkvėpiau ir pasinėriau į vandenį, jausdama vėsų
vandens glėbį. Kurį laiką plaukiau ratus, mėgaudamasi
mankšta ir galimybe išvalyti galvą. Po kurio laiko
išlipau, nusišluosčiau ir atsisėdau ant rankšluosčio
atsipalaiduoti saulėje. Užmerkiau akis ir leidau
šilumai mane užlieti, pajutau, kaip raumenys pradeda
atsipalaiduoti. Staiga išgirdau šniokštimą, atmerkiau
akis ir pamačiau savo mažąją sesutę, **irkluojančią**
seklumoje. Šyptelėjau ir kurį laiką stebėjau ją, tada
atsistojau ir priėjau prie jos. Šiek tiek pabendravome
ir irklavome kartu, džiaugdamiesi viena kitos draugija.
Netrukus prie mūsų prisijungė tėvai, ir likusią popietės
dalį praleidome kartu plaukiodami ir žaisdami žaidimus.
Visada buvo labai malonu leisti laiką su šeima
baseine. Atrodo, kad buvimas vandenyje **kažkuo**
suartina žmones. Galbūt todėl, kad būdami vandenyje
visi esame lygūs - negalime slėpti savo trūkumų ar
apsimesti tuo, kuo nesame. O gal tiesiog todėl, kad
tai smagu! **Kad ir kokia būtų** priežastis, aš tiesiog
džiaugiausi, kad visi galėjome susirinkti ir pasidžiaugti
vieni kitų draugija tokioje ypatingoje vietoje.

Saulė kepino mano odą, o ore tvyrojo chloro kvapas.

Gaan zwemmen

Het zwembad was altijd een **verfrissende** plek om te zijn, en vandaag was dat niet anders. De zon scheen en het water zag er uitnodigend uit. Ik haalde diep adem en dook erin, de koele omhelzing van het water voelend. Ik zwom een tijdje baantjes, genoot van de beweging en de kans om mijn hoofd leeg te maken. Na een tijdje kwam ik eruit en droogde me af, waarna ik op een handdoek ging zitten om te relaxen in de zon. Ik sloot mijn ogen en liet de **warmte** over me heen spoelen, ik voelde mijn spieren ontspannen. Plotseling hoorde ik een plons en ik opende mijn ogen om mijn kleine zusje te zien **poedelen** in het ondiepe gedeelte. Ik glimlachte en keek een tijdje naar haar, stond toen op en liep naar haar toe. We kletsten wat en peddelden samen wat rond, genietend van elkaars gezelschap. Al snel kwamen onze ouders erbij, en we brachten de rest van de middag zwemmend en spelend door. Het was altijd zo leuk om tijd met de familie in het zwembad door te brengen. Er is **iets** met in het water zijn dat mensen samenbrengt. Misschien is het omdat we allemaal gelijk zijn als we in het water zijn - we kunnen onze gebreken niet verbergen of doen alsof we iets zijn wat we niet zijn. Of misschien is het gewoon omdat het leuk is! **Wat** de reden ook is, ik was gewoon blij dat we allemaal bij elkaar konden komen en van elkaars gezelschap

Girdėjau, kaip vaikai juokiasi ir pliuškenasi baseine. Gulėjau ant **poilsio** kėdės šalia baseino, kaitinausi saulėje ir **mėgavausi** diena. Buvau užmerkęs akis ir jau ketinau užmigti, kai išgirdau, kad kažkas eina prie manęs. Atvėriau akis ir pamačiau šalia manęs stovinčią moterį. Ji vilkėjo bikinį ir buvo apsivyniojusi juosmenį rankšluosčiu. Ji turėjo ilgus šviesius plaukus ir mėlynas akis. Rankoje ji laikė buteliuką **kremo nuo saulės.** "Ar neprieštarausi, jei patepsiu tau nugarą kremu nuo saulės?" - paklausė ji. "Ne, viskas gerai", - pasakiau atsisėsdamas, kad ji galėtų pasiekti mano nugarą. Pajutau, kaip ji tepdama kremo nuo saulės patepė mano odą.

Jos prisilietimas buvo švelnus, o kremo nuo saulės kvapas ramino. Vėl užmerkiau akis ir leidau sau atsipalaiduoti. Girdėjau, **kaip** ji juda, bet akių neatvėriau. Buvau patenkintas tiesiog gulėdamas saulėje ir klausydamasis į krantą **atsimušančių** bangų ošimo. Po kelių minučių ji nuėjo, ir aš atmerkiau akis. Stebėjau, kaip ji grįžo prie savo poilsio kėdės ir pasiėmė knygą. Ji įsitaisė ant kėdės ir pradėjo skaityti. Vėl užmerkiau akis ir leidau sau užmigti.

konden genieten op zo'n speciale plek.

De zon scheen op mijn huid en de geur van chloor hing in de lucht. Ik kon de geluiden horen van lachende kinderen die in het zwembad spetterden. Ik lag op een ligstoel naast het zwembad, te genieten van de zon en **de** dag. Ik had mijn ogen gesloten en wilde net in slaap vallen toen ik iemand naar me toe hoorde lopen. Ik opende mijn ogen en zag een vrouw naast me staan. Ze droeg een bikini en had een handdoek om haar middel gewikkeld. Ze had lang blond haar en blauwe ogen. Ze hield een fles **zonnebrandcrème** in haar hand. "Vind je het erg als ik wat zonnebrandcrème op je rug smeer?" vroeg ze. "Nee, dat hoeft niet," zei ik, terwijl ik rechtop ging zitten zodat ze bij mijn rug kon. Ik voelde haar handen op mijn huid terwijl ze de zonnebrandcrème aanbracht.

Haar aanraking was zacht en de geur van de zonnebrandcrème was kalmerend. Ik sloot mijn ogen weer en liet me ontspannen. Ik kon het **geluid** van haar bewegingen horen, maar ik opende mijn ogen niet. Ik was tevreden met het feit dat ik daar in de zon lag, luisterend naar het geluid van de golven **die** tegen de kust sloegen. Na een paar minuten liep ze weg, en ik opende mijn ogen. Ik keek naar haar terwijl ze terugliep naar haar ligstoel en haar boek oppakte. Ze nestelde zich in haar stoel en begon te lezen. Ik sloot mijn ogen weer en liet me wegdrijven in slaap.

Supratimo klausimai

1. Kur buvo pasakotojas, kai pradėjo pasakojimą?

2. Kokį kvapą jaučia pasakotojas, kai atveria akis?

3. Ką pasakotojas išgirsta, kai atveria akis?

4. Kieno kremą nuo saulės moteris duoda pasakotojui?

5. Apie ką svajoja pasakotojas?

6. Kodėl pasakotojui maudynės jūroje yra tokios ypatingos?

7.Kaip jaučiasi vanduo, kuriame plaukia pasakotojas?

8. Ką pasakotojas mato išlipęs iš vandens?

9. Ką moteris daro po to, kai patepa pasakotoją kremu nuo saulės?

10. Apie ką pasakotojas ir moteris kalbasi pasakojimo pabaigoje?

Begrip vragen

1. Waar was de verteller toen hij het verhaal begon?

2. Wat ruikt de verteller als hij zijn ogen opent?

3. Wat hoort de verteller als hij zijn ogen opent?

4. Van wie is de zonnebrandcrème die de vrouw aan de verteller geeft?

5. Waar droomt de verteller over?

6. Waarom is zwemmen in de zee zo speciaal voor de verteller?

7. Hoe voelt het water aan waarin de verteller zwemt?

8. Wat ziet de verteller als hij uit het water komt?

9. Wat doet de vrouw nadat ze de verteller heeft ingesmeerd met zonnebrandcrème?

10. Waarover praten de verteller en de vrouw aan het eind van het verhaal?

Vejos pjovimas

Vasaros **šeštadienis**, 10 val. ryto, ir saulė jau negailestingai kepina. Eini į garažą pasiimti vejapjovės ir jautiesi tarsi **pasmerktas** sunkiam darbui. Pradedate pjauti veją, stengdamiesi važiuoti lėtai, kad nepraleistumėte nė vienos vietos. Pjaudami galvojate, kaip gera būti lauke, gryname ore. Kai pradedate stumdyti vejapjovę pirmyn ir atgal per veją, **akies** krašteliu pamatote kaimyną. Palinkčiojate ir pasisveikinate, o jis jums atsako.

Po kelių minučių baigsite ir nueisite pas kaimyną į sodą išgerti alaus. **Puiki** diena - ne per karšta, pučia švelnus vėjelis. Sėdite medžio pavėsyje, gurkšnojate alų ir šnekučiuojatės su kaimynu. Tokios dienos priverčia vertinti vasarą. Tuomet **einate** į vidų išgerti užtarnauto alaus. Atsisėdate ant kėdės verandoje ir atplėšiate skardinę, patenkintas atsikvėpdamas. Žoliapjovės garsas nutyla, o jūs atsipalaiduojate pavėsyje ir mėgaujatės akimirkos **ramybe.** Po sunkaus darbo karštyje alaus skonis itin geras. Jau ketinau eiti į vidų, kai išgirdau triukšmą šalia.

Atrodė, kad kažkas verkia. Nustojau pjauti ir priėjau prie mūsų kiemus skiriančios tvoros. Pasižiūrėjau ir

Het maaien van het gazon

Het is 10 uur 's ochtends op een zomerse **zaterdag**, en de zon schijnt al ongenadig. Je sjokt naar de garage om de grasmaaier te halen, met het gevoel dat je **veroordeeld bent** tot dwangarbeid. Je begint het gazon te maaien, en zorgt ervoor dat je het rustig aan doet, zodat je niets over het hoofd ziet. Terwijl je aan het maaien bent, denk je aan hoe goed het voelt om buiten in de frisse lucht te zijn. Terwijl u de maaier heen en weer over het gazon duwt, ziet u uw buurman vanuit uw **ooghoek**. Je zwaait en zegt hallo, en hij zwaait terug.

Na een paar minuten ben je klaar, en je gaat naar het huis van je buurman om met hem een biertje te drinken in de voortuin. Het is een **perfecte** dag - niet te warm, met een zacht briesje. Je zit daar in de schaduw van de boom, nipt van je biertje en kletst wat met je buurman. Het zijn dagen als deze die je de zomer doen waarderen. Dan **ga** je naar binnen voor een welverdiend biertje. Je ploft neer in een stoel op de veranda, trekt het blikje open en slaakt een tevreden zucht. Het geluid van de maaier verdwijnt naar de achtergrond terwijl je in de schaduw ontspant en geniet van de **rust** van het moment. Het bier smaakt extra goed na al dat harde werk in de hitte. Ik stond op het

pamačiau kaimynę, ponią Džonson, verkiančią ant verandos sūpynių. Šaukiau ją, bet ji manęs negirdėjo. Perlipau per tvorą ir priėjau prie jos. "Ponia Džonson, ar jums viskas gerai?" Paklausiau. Ji pažvelgė į mane su ašaromis akyse ir papurtė galvą. "Ne, man ne viskas gerai", - pasakė ji. "Vakar mirė mano katė." Buvau sukrėsta. Nežinojau, ką atsakyti. Tiesiog nejaukiai stovėjau, nežinodama, ką daryti. Galiausiai uždėjau jai ranką ant **peties** ir pasakiau: "Man labai gaila, ponia Džonson. Jei galiu kuo nors padėti, praneškite man. " Ji papurtė galvą ir pasakė: "Ne, niekas **nieko negali** padaryti". Tuomet ji atsistojo ir nuėjo į savo namų vidų. Akimirką stovėjau nežinodamas, ką daryti. Tada grįžau prie vejos pjovimo. Baigdamas pjauti negalėjau negalvoti apie ponią Džonson ir jos katę.

punt om naar binnen te gaan toen ik een geluid hoorde bij de buren.

Het **klonk** alsof iemand huilde. Ik stopte met maaien en liep naar het hek dat onze tuinen scheidde. Ik keek om en zag mijn buurvrouw, mevrouw Johnson, huilen op haar schommelbank. Ik riep naar haar, maar ze hoorde me niet. Ik klom over het hek en liep naar haar toe. "Mevrouw Johnson, is alles goed met u?" vroeg ik. Ze keek met tranen in haar ogen naar me op en schudde haar hoofd. "Nee, het gaat niet goed met me," zei ze. "Mijn kat is gisteren gestorven." Ik was geschokt. Ik wist niet wat ik moest zeggen. Ik stond daar maar wat ongemakkelijk, niet wetend wat ik moest doen. Uiteindelijk legde ik mijn hand op haar **schouder** en zei: "Het spijt me zo, mevrouw Johnson. Als er iets is wat ik kan doen om te helpen, laat het me alsjeblieft weten. "Ze schudde haar hoofd en zei: Nee, er is **niets** dat iemand kan doen. Toen stond ze op en ging haar huis binnen. Ik stond daar een ogenblik, niet wetend wat te doen. Toen ging ik verder met het maaien van mijn gazon. Toen ik klaar was, moest ik denken aan mevrouw Johnson en haar kat.

Supratimo klausimai

1. Kiek valandų?

2. Kur asmuo pjauna?

3. Kaip žmogus jaučiasi?

4. Kodėl žmogus turi pjauti lėtai?

5. Koks oras?

6. Ką žmogus daro po šienavimo?

7. Ką žmogus išgirsta prieš grįždamas namo?

8. Kas yra su ponia Džonson?

9. Kodėl ponia Johnson verkia?

10. ką asmuo sako poniai Džonson?

Begrip vragen

1. Hoe laat is het?

2. Waar is de persoon aan het maaien?

3. Hoe voelt de persoon zich?

4. Waarom moet de persoon langzaam maaien?

5. Wat voor weer is het?

6. Wat doet de persoon na het maaien?

7. Wat hoort de persoon voordat hij naar huis gaat?

8. Wie is er bij Mrs Johnson?

9. Waarom huilt Mrs Johnson?

10. Wat zegt de persoon tegen Mrs. Johnson?

Kirpimas

Jau kelias savaites norėjau kirptis, bet vis atidėliodavau. Tačiau artėjant **Kalėdoms** žinojau, kad nebegalėsiu ilgiau atidėlioti. Nenorėjau ateiti į šeimos kalėdinę vakarienę atrodydama kaip susivėlusi. Taigi ankstyvą Kalėdų rytą nuėjau į saloną. Nors buvo anksti, salone jau buvo daug žmonių, kurie švenčių proga **darėsi** šukuosenas. Užėmiau vietą eilėje ir laukiau savo eilės. Pagaliau atėjo mano eilė į kėdę. Stilistė, draugiška moteris, vardu Jill, paklausė, ko noriu. "Tik pakirpti, nieko labai drastiško", - atsakiau. Džilė ėmėsi darbo ir nukirpo mano plaukus. Jai dirbant pradėjau atsipalaiduoti. Buvo gera pagaliau pasirūpinti savimi. Pastaruoju metu buvau tokia užsiėmusi, rūpinausi visais kitais, kad savo poreikius palikau nuošalyje. Bet **dabar taip** nebėra. Nuo šiol ketinau skirti laiko sau.

Kai Jill baigė, pažvelgiau į veidrodį ir likau patenkinta tuo, ką pamačiau. Mano plaukai atrodė tvarkingi ir išpuoselėti - puikiai tiko šventiniams susitikimams. **Padėkojau** Jill ir pasižymėjau, **kad** grįžčiau dažniau. Nuo šiol pirmiausia rūpinsiuosi savimi. Ji ėmėsi darbo ir nukirpo mano plaukus. Pagalvojau, kokia esu dėkinga, kad pagaliau pasiryžau kirptis. Buvo gera žinoti, kad per Kalėdų **vakarienę** atrodysiu išvaizdžiai. Daugiau nebereikės jaudintis, kad šeima erzins mane dėl mano

Naar de kapper

Ik wilde al weken naar de kapper, maar op de een of andere manier kon ik het steeds uitstellen. Maar met **Kerstmis voor de deur**, wist ik dat ik het niet langer kon uitstellen. Ik wilde niet op het kerstdiner van mijn familie verschijnen als een smerige puinhoop. Dus, vroeg op kerstochtend, ging ik naar de salon. Hoewel het nog vroeg was, was de salon al druk bezig met andere mensen **die** hun haar lieten doen voor de feestdagen. Ik nam plaats in de rij en wachtte op mijn beurt. Eindelijk was het mijn beurt in de stoel. De styliste, een vriendelijke vrouw die Jill heette, vroeg me wat ik wilde. "Gewoon een knipbeurt, niets te drastisch," antwoordde ik. Jill ging aan de slag en knipte mijn haar weg. Terwijl ze werkte, begon ik te ontspannen. Het voelde goed om eindelijk voor mezelf te zorgen. Ik had het de laatste tijd zo druk gehad met voor iedereen te zorgen, dat ik mijn eigen behoeften aan de kant had laten liggen. Maar **nu** niet **meer**. Van nu af aan, zou ik tijd voor mezelf maken.

Toen Jill klaar was, keek ik in de spiegel en was blij met wat ik zag. Mijn haar zag er netjes en gepolijst uit-perfect voor vakantie bijeenkomsten. Ik **bedankte** Jill en maakte een notitie om vaker terug te komen. Van nu af aan zal ik in de eerste plaats voor mezelf "netašytos" išvaizdos. Po kelių minučių stilistas baigė kirpti mano plaukus ir greitai juos išdžiovino. Pažvelgiau į veidrodį ir buvau patenkinta tuo, ką pamačiau - švariai kirpta išvaizda, kuri puikiai tiks Kalėdų vakarienei. Dabar, kai šukuosena jau buvo baigta, galėjau susitelkti į tai, kad galėčiau mėgautis švente su šeima. Už tai buvau dar dėkingesnė.

Jaučiausi labai **laisvai ir** man patiko, kaip atrodė mano nauja šukuosena. Sumokėjusi už kirpimą, grįžau namo ir pradėjau pakuotis daiktus į kelionę. **Negalėjau** sulaukti, kada galėsiu parodyti savo naują išvaizdą šeimai ir draugams. Žinojau, kad jie nustebs mane pamatę. Skrydžio dieną į oro uostą atvykau turėdama daug laisvo laiko. Be problemų praėjau saugumo patikrą ir netrukus jau buvau pakeliui. Vos tik pasiekiau kelionės tikslą, pajutau ore tvyrantį jaudulį. Kalėdos neabejotinai tvyrojo ore! Oro uoste manęs pasitiko mano šeima, kuri buvo nustebusi dėl mano naujos šukuosenos. Kitas kelias dienas praleidome **bendraudami** ir džiaugdamiesi vieni kitų **draugija**.

zorgen. Ze begon aan mijn haar te knippen. Ik dacht eraan hoe dankbaar ik was dat ik er eindelijk aan toe was gekomen om mijn haar te laten knippen. Het voelde goed om te weten dat ik er toonbaar uit zou zien voor **het kerstdiner**. Ik hoefde me geen zorgen meer te maken dat mijn familie me zou plagen over mijn "smerige" uiterlijk. Na een paar minuten was de styliste klaar met het knippen van mijn haar en föhnde ze me snel. Ik keek in de spiegel en was blij met wat ik zag: een strak geknipt kapsel dat perfect zou zijn voor het kerstdiner. Nu mijn kapsel achter de rug was, kon ik me concentreren op de feestdagen met mijn gezin. En daar was ik nog dankbaarder voor.

Het voelde zo **bevrijdend**, en ik hield van de manier waarop mijn nieuwe kapsel eruit zag. Nadat ik voor mijn kapsel had betaald, ging ik naar huis en begon ik in te pakken voor mijn reis. Ik **kon niet** wachten om mijn nieuwe look aan mijn familie en vrienden te tonen. Ik wist dat ze verrast zouden zijn als ze me zouden zien. Op de dag van mijn vlucht kwam ik ruim op tijd aan op de luchthaven. Ik ging zonder problemen door de beveiliging en al snel was ik op weg. Zodra ik op mijn bestemming aankwam, kon ik de opwinding in de lucht voelen. Kerstmis hing zeker in de lucht! Mijn familie was er om me op de luchthaven te begroeten, en ze waren allemaal verbaasd over mijn nieuwe kapsel. We brachten de volgende dagen door **met bijpraten** en genieten van elkaars **gezelschap**.

Supratimo klausimai

1. Ką pagrindinis veikėjas turėjo nuveikti iki Kalėdų?

2. Kaip veikėja jautėsi rūpindamasi savimi?

3. Kas kirpo veikėjo plaukus?

4. Kodėl veikėjos šeima ketino ją erzinti?

5. Kaip pagrindinė veikėja jautėsi po to, kai nusikirpo plaukus?

6. Ką veikėja darė nusikirpusi plaukus?

7. Kokia buvo pagrindinės veikėjos šeimos reakcija į jos šukuoseną?

8. Ką veikėjas veikė Kalėdų išvakarėse?

9. Kuo veikėjo patirtis buvo ypatingesnė?

10. Kas nutiktų, jei pagrindinis veikėjas nenusikirptų?

Begrip vragen

1. Wat moest de hoofdpersoon doen voor Kerstmis?

2. Hoe vond de hoofdpersoon het om voor zichzelf te zorgen?

3. Wie heeft het haar van de hoofdpersoon geknipt?

4. Waarom ging de familie van de hoofdpersoon haar plagen?

5. Hoe voelde de hoofdpersoon zich nadat ze naar de kapper was geweest?

6. Wat heeft de hoofdpersoon gedaan nadat ze naar de kapper is geweest?

7. Wat was de reactie van de familie van de hoofdpersoon op haar kapsel?

8. Wat deed de hoofdpersoon op kerstavond?

9. Wat maakte de ervaring van de hoofdpersoon specialer?

10. Wat zou er gebeuren als de hoofdpersoon niet naar de kapper zou gaan?

Parkas

Saulė leidosi, o parkas buvo tuščias. Sėdėjau ant suoliuko ir laukiau **draugo**. Buvome suplanavusios čia susitikti prieš valandą, bet ji visada vėluodavo. Kai jau ketinau pasiduoti ir eiti namo, pamačiau ją bėgančią link manęs. "Man labai gaila, - dūsavo ji, kai pasiekė suoliuką. "Mano traukinys **vėlavo.**" "Viskas gerai", - pasakiau **atlaidžiai**. "Ką tik atvažiavau." Sėdėjome ir kurį laiką kalbėjomės, pasakodami apie vienas kito gyvenimą nuo paskutinio susitikimo. Pokalbis vyko **lengvai,** ir atrodė, kad nuo paskutinio pasimatymo nepraėjo nė kiek laiko. Saulei nusileidus atsisveikinome ir išėjome savais keliais. Kitą kartą susitikome kitame parke. Ji ir vėl vėlavo, bet aš tam neprieštaravau. Buvo malonu turėti žmogų, su kuriuo galėčiau pasikalbėti ir kuris mane **suprastų.** Kalbėjomės apie savo svajones ir **siekius, apie** tai, ką norėtume nuveikti gyvenime. Ji papasakojo apie savo planus keliauti po pasaulį, o aš papasakojau apie savo svajonę tapti rašytoju. Saulei nusileidus dar vieną dieną, mes dar kartą atsisveikinome, pažadėję šį kartą palaikyti ryšį.

Bėgo metai, o mūsų **draugystė** išliko tvirta, nors dabar gyvenome skirtingose šalies dalyse. Palaikėme ryšį laiškais ir retkarčiais skambindami telefonu, dalydamiesi naujienomis apie savo gyvenimą. Kai ji pranešė, kad

Het park

De zon ging onder, en het park was leeg. Ik zat op het bankje te wachten op mijn **vriendin**. We hadden hier al een uur geleden afgesproken, maar ze was altijd te laat. Net toen ik het wilde opgeven en naar huis wilde gaan, zag ik haar naar me toe rennen. "Het spijt me zo," hijgde ze toen ze de bank bereikte. "Mijn trein **had vertraging**." "Het is goed," zei ik **vergevingsgezind**. "Ik ben hier net zelf." We gingen zitten en praatten een poosje, praatten bij over elkaars leven sinds we elkaar voor het laatst zagen. Het gesprek verliep **vlot**, en het leek alsof er helemaal geen tijd was verstreken sinds we elkaar voor het laatst hadden gezien. Toen de zon onderging, namen we afscheid en gingen onze eigen weg. De volgende keer dat we elkaar zagen, was in een ander park. Weer was ze te laat, maar dat vond ik niet erg. Het was fijn om iemand te hebben om mee te praten die me **begreep**. We spraken over onze dromen en **aspiraties**, dingen die we wilden doen met ons leven. Zij vertelde me over haar plannen om de wereld rond te reizen, en ik deelde mijn droom om schrijfster te worden. Toen de zon weer onderging, namen we afscheid van elkaar en beloofden we elkaar dit keer te blijven zien.

Jaren gingen voorbij, en onze **vriendschap** bleef sterk,

ketina ištekėti, **nenustebau -** ji visada buvo **nuotykių mėgėja**. Bet kai ji manęs paklausė, ar būčiau jos pamergė vestuvių ceremonijoje, kuri vyko pusę pasaulio nuo mano gyvenamosios vietos... reikėjo įtikinėti! Galiausiai negalėjau leisti savo geriausiai draugei ištekėti be manęs šalia, todėl, nepaisydama savo baimių (ir po ilgų jos maldavimų!), **sutikau** vykti kartu ir **patirti, kaip paaiškėjo,** gyvenimo **nuotykį.**

Pagaliau atėjo **vestuvių** diena. Nervinausi, bet džiaugiausi galėdama dalyvauti tokioje svarbioje draugės gyvenimo akimirkoje. Ceremonija buvo graži, ir ji atrodė laiminga, kai sakė įžadus. **Po vestuvių** surengėme didžiulį vakarėlį - atrodė, kad visi jos pažįstami atvyko švęsti kartu su ja! Tai buvo **stebuklinga** diena, kurios niekada nepamiršiu, o mūsų draugystė po šio nuotykio tik sustiprėjo. Dabar, praėjus daugeliui metų, vis dar palaikome ryšį. Nuo tada, kai susipažinome, abi labai **pasikeitėme,** tačiau mūsų draugystė kaip niekada stipri.

ook al woonden we nu in verschillende delen van het land. We hielden contact door middel van brieven en af en toe telefoontjes, waarbij we nieuws over ons leven met elkaar deelden. Toen ze aankondigde dat ze ging trouwen, was ik niet **verbaasd** - ze was altijd al een **avontuurlijk** type geweest. Maar toen ze me vroeg of ik haar bruidsmeisje wilde zijn op haar huwelijksceremonie, dat halverwege de wereld zou plaatsvinden, van waar ik woonde... daar was wel wat overtuigingskracht voor nodig! Maar uiteindelijk kon ik mijn beste vriendin niet laten trouwen zonder mij aan haar zijde, dus ondanks mijn angsten (en na veel smeken van haar!) **stemde** ik ermee in om mee te gaan op wat het **avontuur** van mijn leven bleek te zijn.

De dag van de **bruiloft was** eindelijk aangebroken. Ik was nerveus, maar opgewonden om deel uit te maken van zo'n belangrijk moment in het leven van mijn vriendin. De ceremonie was prachtig, en ze zag er gelukkig uit toen ze haar geloften aflegde. **Daarna** vierden we het met een groot feest - het leek wel of iedereen die ze kende was gekomen om het met haar te vieren! Het was een **magische** dag die ik nooit zal vergeten, en onze vriendschap is na dat avontuur alleen maar sterker geworden. Nu, jaren later, houden we nog steeds contact. We zijn allebei veel **veranderd** sinds we elkaar voor het eerst ontmoetten, maar onze vriendschap is nog even sterk als altijd.

Supratimo klausimai

1. Kur autorė ir jos draugas pirmą kartą susitiko?

2. Kodėl autoriaus draugas pavėlavo į susitikimą?

3. Apie ką draugai kalbėjosi, kai po metų vėl susitiko?

4. Kaip autorė jautėsi dalyvaudama draugės vestuvių ceremonijoje?

5. Apibūdinkite vestuvių ceremonijos aplinką.

6. Kaip laikui bėgant keitėsi šių dviejų moterų draugystė?

7. Kokia yra autoriaus svajonė?

8. Kur planuoja keliauti autoriaus draugas?

9. Kodėl autorė nedrįso dalyvauti draugės vestuvių ceremonijoje?

Begrip vragen

1. Waar hebben de auteur en haar vriendin elkaar voor het eerst ontmoet?

2. Waarom was de vriend van de auteur te laat op hun afspraak?

3. Waar hadden de vrienden het over toen ze elkaar jaren later weer ontmoetten?

4. Hoe vond de schrijfster het om de huwelijksceremonie van haar vriendin bij te wonen?

5. Beschrijf de omgeving van de huwelijksceremonie.

6. Hoe is de vriendschap tussen de twee vrouwen in de loop der tijd veranderd?

7. Wat is de droom van de auteur?

8. Waar is de vriend van de schrijver van plan heen te reizen?

9. Waarom aarzelde de schrijfster om de huwelijksceremonie van haar vriendin bij te wonen?

9 7 9 8 8 4 8 0 0 5 1 1 0